como sobre-viver
na faculdade de
direito
e ainda ter sucesso e
ser feliz

MARCELO HUGO DA ROCHA

escritor com mais de meio milhão de exemplares vendidos

como sobre-viver
na faculdade de direito
e ainda ter sucesso e ser feliz

LETRAMENTO

Copyright © 2020 by Editora Letramento

Diretor Editorial | **Gustavo Abreu**
Diretor Administrativo | **Júnior Gaudereto**
Diretor Financeiro | **Cláudio Macedo**
Logística | **Vinícius Santiago**
Comunicação e marketing | **Giulia Staar**
Assistente Editorial | **Laura Brand**
Designer Editorial | **Gustavo Zeferino e Luís Otávio Ferreira**

Todos os direitos reservados.
Não é permitida a reprodução desta obra sem
aprovação do Grupo Editorial Letramento.

Dados Internacionais de Catalogação na Publicação (CIP) de acordo com ISBD

R672c   Rocha, Marcelo Hugo da

         Como sobreviver na faculdade de direito: e ainda ter sucesso e ser feliz / Marcelo Hugo da Rocha. - Belo Horizonte, MG : Casa do Direito, 2021.
         184 p. ; 15,5cm x 22,5cm.

         ISBN: 978-65-86025-70-5

         1. Direito. 2. Sucesso. 3. Felicidade. I. Título.

2021-306   CDD 340
                                                              CDU 34

Elaborado por Vagner Rodolfo da Silva - CRB-8/9410

Índice para catálogo sistemático:
1. Direito 340
2. Direito 34

Belo Horizonte - MG
Rua Magnólia, 1086
Bairro Caiçara
CEP 30770-020
Fone 31 3327-5771
contato@editoraletramento.com.br
editoraletramento.com.br
casadodireito.com

Apresentação, introdução & premissas **9**

1 Vocação, sugestão ou sem noção
   em *fazer* Direito? **15**

2 O Direito não só abre portas, mas janelas **23**

3 A "melhor" faculdade de Direito **31**

4 A Síndrome do Estudante de Direito **37**

5 Leis, doutrina, jurisprudência
   e opinião própria **45**

6 Como conciliar a vida com os estudos **53**

7 A arte da convivência com seus
   colegas e professores **61**

8 A parte "ruim" do curso: notas, provas,
   trabalhos, apresentações e chamada **69**

9 Há uma fórmula para estudar melhor? **77**

10 A metamorfose jurídica na vida
    do aluno de Direito **85**

11 Pássaros têm asas, pessoas têm livros **91**

12 O que é o sucesso e o fracasso no Direito **99**

13 A importância das atividades
    extracurriculares **105**

14 A advocacia do Século XXI **113**

15 Concurso não se faz para passar, mas até passar **121**

16 Por que parece que quanto mais se estuda, menos se sabe? **129**

17 Momento tenso: chegou o TCC! **135**

18 E no caminho, tinha o Exame da OAB **143**

19 O que você levará da faculdade, afinal **151**

20 Me formei, e agora? **157**

Apêndice

Capítulo ao infinito e além – A pandemia, a faculdade & o Direito **167**

Capítulo sugestivo – Livros, canais, séries e filmes para aprender **175**

Capítulo da gratidão – Meu muito obrigado! **181**

Dedico este livro a todos os professores que a vida me deu, o que inclui meus alunos e leitores. Aprender não é só um gesto de humildade, mas de gratidão.

Apresentação, introdução & premissas

Em 1990, o Brasil ainda manteria as três estrelas na camisa amarela da seleção de futebol, depois de ser eliminado pela Argentina na Copa do Mundo realizada na Itália, mas Ayrton Senna ainda nos daria orgulho ao conquistar o segundo campeonato na Fórmula 1. Depois de muito tempo, tivemos eleições direta para presidente em 1989. Além de ter votado pela primeira vez na vida, acabei convocado, a contragosto, para ser mesário nos dois turnos. No mundo, a Alemanha reunificaria os seus dois lados e estreava nos cinemas *Ghost, do outro lado da vida*, filme que me fez desidratar de tanto chorar. Mas, para mim, o fato mais importante estava reservado para o final do mesmo ano: a conclusão do ensino médio.

O sonho de todos os pais é que seus filhos tenham uma vida próspera e segura. Seja qual for a classe social, a visão dessa vida parece que exige um estágio anterior, qual seja, o ingresso na faculdade. É claro que nem todos os filhos têm condições de frequentar uma ou mesmo interesse próprio de se sujeitar a um período universitário, mas não há dúvidas de que haja um ponto de inflexão diante do término do ensino médio: "o que fazer a partir de agora?". Para quem tem os pais com o ensino superior completo, como eu, não tinha dúvidas qual caminho seguir. Apesar dos meus avós não terem se graduado, incentivaram os filhos deles a irem mais longe nos estudos.

Depois de ter estudado muito, mas muito mesmo, e após vários vestibulares realizados, não passei em quase nenhum para *Medicina!* "Quase", porque num deles fiquei na lista de espera. As razões da escolha desse curso são conflitantes até hoje para mim; o fato é que a vida universitária era urgente e eu estava ficando para trás dos meus colegas de colégio, um sentimento péssimo quando se compara com os outros. Entre provas para vestibular, acabei estudando para um concurso público de nível médio e nele havia disciplinas de Direito, e isso me despertou para essa possibilidade. No inverno de 1992, ingressava no curso de Ciências Jurídicas e Sociais.

Trocar o "doutor" de jaleco branco para "doutor" de terno e gravata não foi nada traumático. O "canto da sereia" de que o Direito oferece muitas portas a serem abertas me encantou de vez. Além disso, meu pai já era formado na área e, sendo minha referência de sucesso profissional, as expectativas eram promissoras, principalmente pelas carreiras públicas, pois ele e minha mãe eram servidores federais concursados. Essa idealização foi a motivação maior para adormecer nesse sonho que esperamos que seja o mais lindo e memorável possível.

Memorável ele é, mas lindo…

Se o Direito nunca foi amor à primeira vista, o início do relacionamento ficou muito a desejar. No máximo, um *crush* sem muito envolvimento, e olha que sou um típico canceriano. Então, os pesadelos começaram. Trabalhos em grupos sem qualquer interesse pelos colegas, provas quase impossíveis, duas ou três chamadas por aula, professores muito exigentes ou com pouca didática, disciplinas chatas ou difíceis, e leituras que não acabavam mais. Enfim, nada de sonhos fofos. É um choque de realidade que não estamos tão prontos a suportar.

O fato é que ninguém nos entrega um manual de como seria a faculdade "de verdade"! Deveria estar na Constituição Federal: na primeira matrícula, o aluno ganha um manual de sobrevivência à vida universitária. Infelizmente, nossos legisladores estão preocupados com coisas "mais importantes". Tudo isso faria ainda mais sentido quando, no início de 2006, ingressei na docência para preparar os alunos para Exame da OAB. Foi a partir da reclamação inserida no elogio "aprendi numa aula o que não aprendi num semestre na faculdade", repetida à exaustão, que voltei a refletir sobre nossas jornadas na graduação.

Meu envolvimento com a "causa universitária" foi ficando cada vez maior e mais forte numa velocidade acompanhada pela publicação de livros jurídicos, de conferências e palestras nas faculdades, pela criação de um *blog* e de um canal do Youtube, pela docência na graduação e pós-graduação até me enxergarem como *coach* para os assuntos emocionais dos acadêmicos de Direito. Minha dissertação de mestrado foi sobre a educação de qualidade, que veio a se tornar um livro, intitulado *Direito à Educação Digna e Ação Civil Pública* (Editora Saraiva). A prática também exigiu a teoria e, além das minhas pós-graduações no campo do Direito, conclui uma pós-graduação em Psicologia Positiva até, finalmente, ingressar na faculdade de Psicologia.

Certamente, o destino me trouxe até aqui pelo propósito de ajudar e, você, pela curiosidade de um possível socorro. Já disse Arthur Schopenhauer, filósofo alemão, que "o destino embaralha as cartas e nós as jogamos". Portanto, o "destino não é uma questão de sorte, mas uma questão de escolha", como afirmou William J. Bryan, advogado e político estadunidense. Assim, este livro une tudo aquilo que eu gostaria de ter lido enquanto estudante com toda a minha experiência de mentor para acadêmicos do Direito. Nos Estados Unidos, essa abordagem é muito popular entre os alunos de Harvard, Stanford, Yale, entre outras, o que me influenciou muito a escrever.

Por fim, quero deixar um *spoiler*.

[Aqui, você poderá pular direto para os próximos capítulos e retornar depois de acabar o livro ou seguir, o risco é seu!].

Pois bem, é provável, ao final da leitura, que você conclua se tratar de um livro de autoajuda. Sem dúvidas, tem esse objetivo. Na verdade, acredito que todo livro é de autoajuda até que se prove o contrário. Veja que é comum enxergarmos a vida sob diversas subdivisões. Tem a vida familiar, a vida profissional, a vida amorosa, a vida saudável e a vida universitária, para quem ingressa numa faculdade. Portanto, trata-se apenas uma parcela, mas que está conectada a todas as outras sob uma única individualidade. Desse modo, se as lições servirem para o que você procura, é de se esperar que tenha efeitos colaterais *positivos* para as outras "vidas".

Assim, deixe fluir e seja feliz!

Com carinho,

Marcelo.

Vocação, sugestão ou sem noção em *fazer* Direito?

01

Sabemos, você e eu, que toda família, mesmo que não admita, gostaria de ter um médico, um dentista, um engenheiro e, especialmente, um advogado integrante dela. Todos os possíveis males do mundo estariam resolvidos, imaginam os familiares. Mas você deve também saber que não é bem assim que as coisas acontecem. De qualquer modo, são profissões tradicionais e que, em algum momento, deram (e ainda dão) muito orgulho: "Minha filha é advogada", "Meu filho é juiz", "Meu neto é delegado". E por aí vai...

Culturalmente, é dada uma importância maior para determinadas profissões, mesmo que todas sejam dignas para sociedade. Pode ser que novos cursos de nível superior despertem sentimentos mais sinceros, como Gastronomia, Design de Games, Marketing e tantas outras que a cada dia surgem em razão das necessidades do mercado. Tem cursos para todos os gostos! De fato, você precisa avaliar bem, considerar também testes vocacionais, entre outros fatores. Mas não deixe de lembrar que, mesmo que possa parecer que a família esteja querendo influenciar a sua escolha, seus pais querem o melhor para você. Pode apostar!

Pense. Ninguém que ama seu filho ou filha vai desejar que, depois de quatro ou cinco anos de faculdade, seu "próprio-sangue" não tenha qualquer oportunidade de emprego ou passe fome nas ruas.

Portanto, considere as indicações paternas como parte de uma suposta *voz da consciência*. Meus pais não interferiram nas minhas escolhas. Tudo bem, meus primeiros vestibulares foram para Medicina, mas reza a lenda que os "pais sempre sabem", não é verdade? Se você é pai ou mãe já deve ter imaginado o que seu rebento poderia optar, mas a escolha final sempre será dele, como espero que seja a sua.

Sempre tive inveja dos meus colegas de faculdade que diziam que "tinham nascido para o Direito". Como revelei acima, antes optei pela Medicina por razões não muito claras naquela época, em contradição com coisas que tenho dificuldades de lidar, como não gostar de ver sangue. Assim, o fato de não estar vocacionado quando ingressei no curso de Direito não me prejudicou, tal como imaginava no início. Em outras palavras, vocação não é um dom ou talento natural, nem algo que elimina alternativas. Portanto, é possível encontrá-la com o tempo, bastando estar aberto para o mundo para despertá-la em você. É provável que encontrará colegas felizes nos seus segundo ou terceiro cursos, sem contar, é lógico, aqueles que ainda estarão perdidos nas suas escolhas.

Se for o seu caso – afinal, o caminho a ser percorrido ainda lhe é desconhecido –, tenha certeza que se trata de uma culpa que não precisa carregar de forma solitária. Vive-se numa época que as pessoas precisam ficar milionárias antes dos 20 anos, bilionária antes dos 30 anos, perder tudo até os 40 anos, reconquistar tudo até os 50 anos, e viver até o fim dos dias fazendo palestras pelo mundo, divulgando sua biografia que virou filme. Exageros à parte, estamos diante de uma "Era do Imediatismo". Então, perder tempo com erros parece o pior dos pecados, em especial quando ainda ontem você curtia a sua juventude e, hoje, jogam-lhe a "vida adulta" na sua cara.

Você poderia perguntar se as novas gerações são mais precoces. Com certeza! Mas isso tem um custo emocional, pois exige respostas mais rápidas. Assim, durante o colégio, a pressão do "que você vai ser quando crescer?" vai se antecipando cada vez mais. É como escolher entre o botão vermelho e o azul para salvar a humanidade. Este é o cenário no meio de dezenas de cadernos e provas, da importância da fórmula de Bhaskara na sua vida, de decorar a tabela periódica, da função das mitocôndrias, de diferenciar os livros de Machado de Assis e de José de Alencar, de não cair na pegadinha dos *false friends* em Inglês, sem entender ainda porquê que é preciso saber diferenciar a grafia dos porquês se, no final, parece que tudo dá na mesma...

Realmente, não é o melhor momento para escolhas difíceis para a vida adulta, já que no colégio, além dos professores, ninguém nem adulto é. É um legítimo paradoxo decidir o futuro da próxima fase da vida sem estar nela. Portanto, é natural que a indecisão seja bastante comum. Assim, quem já sabe que "nasceu" para ser advogado ou seguir qualquer outra carreira jurídica não é a maioria. Nem mesmo todos os super-heróis nascem com seus poderes. É importante estar conectado ao seu contexto, com alto grau de curiosidade e ficar atento às descobertas que surgirem pelo caminho. Há quem já tenha referências familiares na área jurídica, seja um escritório de advocacia, seja concursado na área pública.

Parece ser uma escolha mais racional ou confortável, mas não é tanto assim. Meus pais eram servidores públicos na ativa quando escolhi o Direito, portanto, era de se esperar que eu fosse fazer concursos, o que acabei fazendo. Porém, sentia uma necessidade muito grande em corresponder às expectativas deles. Admito que essa pressão interna de resultados acabou atrapalhando, emocionalmente, a conquistar aprovações mais rápidas e em cargos melhores. Acabei concursado numa procuradoria estatal, mas longe do que poderia alcançar. Depois, acabei ficando mais tempo do que desejava nesse emprego, ignorando outras vocações que gritavam sem que eu conseguisse ouvi-las direito.

Agora, imagine alguém cursar Direito, pois a família tem um escritório tradicional na cidade. Imagine também este alguém não ter certeza se é o que gosta, pois simplesmente seguiu o fluxo familiar.

Como trancar a faculdade e avisar que mudará para outra área muito distinta, como a Arquitetura? Apesar de hoje ser mais comum a troca de áreas, muitos ainda têm medo de enfrentar essa situação, pois enxergam como um fracasso ou causa de constrangimento. O problema, posso lhe dizer, é ficar estudando algo que detesta. Pior que isso, é trabalhar com algo que detesta. Então, não encare como um problema, mas como uma solução, a troca de curso caso você não se adapte ou goste do conteúdo.

Então você pergunta: mas precisa, então, ter um "dom" ou algum tipo de "talento" para escolher o Direito? Reza a lenda que, para gostar de Direito, precisa também gostar de ler. Mas qual a faculdade que não exige leitura? Educação Física? Ledo engano! Precisa estudar muito anatomia e tantas outras disciplinas de grande dificuldade. Por isso, a sua falta de empenho com a leitura pode ser resolvida ao criar esse hábito, pois é algo que cria e se acostuma (e se vicia!). Pense num tema ou assunto que goste muito. Agora pense num livro com tudo o que você gostaria de saber sobre as suas preferências. Pronto, comece a ler!

Outra teoria é que para gostar de Direito precisa saber falar em público, ter opinião formada das coisas ou gostar de leis. Veja que falar em público nada mais é que uma técnica. Aquela imagem que você tem dos filmes de Hollywood, em que a oratória do advogado ou promotor decidem todo tipo de julgamento, não é tão verdadeira para o nosso sistema jurídico, exceto, é claro, nos tribunais do júri e nas defesas orais. Gostar de leis também é outra ideia distorcida sobre a escolha pelo Direito. Por exemplo, durante a faculdade, o acadêmico vai se apaixonar por umas disciplinas e detestar outras e, consequentemente, as respectivas legislações estarão envolvidas.

Então, quais qualidades úteis para decidir-se pelo Direito? Para um bom professor, os seus alunos precisarão, antes de mais nada, ser atentos e curiosos. O meu diploma diz que sou formado em "Ciências Jurídicas e Sociais". Sendo assim, quem pretende ingressar neste curso, necessariamente precisará se tornar num "cientista jurídico e social". O que faz um *cientista*, senão estar sempre alerta e atento à realidade e às novidades? O Direito é uma ciência como a Medicina e a Psicologia, portanto, pesquisar faz parte dela.

Você já deve ter lido ou ouvido que no Direito "tudo depende". É mais ou menos isso. E sabe qual motivo? Um mesmo texto legal pode ser interpretado de mais de um modo – de forma conflitante, inclusive. Um único artigo de lei pode soltar ou prender um homem, vai depender da defesa do ponto de vista. Por isso, o Direito se torna apaixonante. Pode ser que hoje, para você, ele não passe de um pretendente em seu coração. Então, por que ele não pode lhe conquistar durante a faculdade? Às vezes, é um professor que irá lhe despertar a paixão. Outras, uma determinada matéria ou um livro. É possível que os próprios colegas colaborem nessa futura relação, ajudando nos momentos difíceis, pois eles acontecem, e celebrando os bons momentos, como conquistas coletivas ou mesmo individuais.

Talvez alguém tenha lhe dito ou possa ser sua dúvida sobre se o Direito pode trazer riqueza e poder. Tenha em mente que a escolha de uma graduação apenas pela questão financeira não é o melhor critério. Não estou negando que o dinheiro é importante, ainda mais para quem irá pagar uma faculdade particular e espera ter um retorno desse grande investimento. O fato é que, para ficar rico, exige-se muito além de um canudo e há outros valores a serem considerados. Não sei se compensa para você estudar todos os dias algo que não gosta por tanto tempo e depois viver um emprego ou cargo vinculado a sua formação.

Você estaria disposto a sacrificar os dias da semana para gastar o dinheiro acumulado apenas nos sábados, domingos, feriados e férias? Lembre-se que a média de dias úteis num ano é cerca de 250 dias, ou seja, pelo menos 2/3 do ano você estará num escritório ou gabinete lidando com algo que não gosta. Portanto, a riqueza que desejo que você alcance não é só a financeira, mas também da satisfação pessoal e profissional. É claro que, mesmo que você venha a se apaixonar pelo Direito, haverá tarefas que são estressantes, desgostosas e, inclusive, perigosas.

Toda profissão tem seus "momentos" ou uma visão diferente deles. Pode ser que logo após a formatura você deteste, por exemplo, ter que se deslocar ao foro, pois suas experiências negativas da época do estágio ainda sejam muito recentes. Posteriormente, pode se tornar um momento especial, ao encontrar seus ex-colegas todas as vezes que for fazer audiências ou outras diligências. Assim, evite preconceitos ou estigmar o que pode ter significados diferentes em épocas também diferentes. Blinde-se ainda pelos famosos "ouvi dizer" da opinião alheia, que podem contaminar experiências nem mesmo vividas.

Não culpe quem abandona a faculdade de Direito nem compare os motivos que serviram para eles. Depois de formados em Direito, muitos também poderão escolher outras profissões não vinculadas à área jurídica e está tudo bem. Às vezes, a paixão não se escolhe; ela simplesmente sequestra o coração e a razão. Há quem escolha o Direito apenas pelo curso em si, sem qualquer pretensão futura de seguir nesse caminho. A verdade é que a história de outra pessoa não é a sua. É provável que alguém tentará enquadrar a sua com as dos outros, mas não caia nessa. "O fulano não deu certo no Direito depois que se formou" ou "A sicrana não aguentou a faculdade e trancou". Paciência, você nunca saberá o que de fato aconteceu.

O tempo é curto para escolher, é o que dizem. É uma corrida contra o relógio, outros afirmam. No entanto, não se apresse. Há muito assunto ainda para ser considerado e este é apenas o primeiro capítulo. Reflita até o próximo. Releia quantas vezes for necessário, não só ele como todos os outros. Um dia tem as mesmas 24 horas para todo mundo, portanto, o tempo é democrático. A forma como irá administrá-lo é que lhe torna único. Atrasar no início pode ser melhor do que lá na frente. Que atire a primeira pedra quem nunca ouviu que *os últimos serão os primeiros*!

O Direito não só abre portas, mas janelas

02

Pode ser que você, por alguma razão que ignoro, nunca tenha ouvido a seguinte expressão: "o curso de Direito abre portas". Particularmente, fui envolvido por ela quando ingressei na faculdade. Vinte anos depois de formado, quando professor na graduação, grande parte dos meus alunos também foi levada a escolher o Direito pelas "famosas portas". Ao tempo deste manual, testei a frase no Google e o resultado é idêntico a uma época que não tinha internet: a formação jurídica oferece diversas carreiras e oportunidades de trabalho.

De forma didática, é geralmente dito que dois caminhos principais se ramificam para tantos outros a perder de vista. Um deles representaria a área privada e, o outro, a pública. Objetivamente, enxerga-se na advocacia privada e nas carreiras públicas os dois destinos que os bacharéis em Direito tomam após a formatura. Antes que você fique na dúvida o que seja "bacharel", vamos responder. Os cursos superiores oferecem a opção de bacharelado e licenciatura. Teoricamente, o bacharel é aquele que foi preparado para o mercado de trabalho, enquanto o diploma de licenciatura oportuniza o magistério na área que se formou. É bom avisar que não há licenciatura de Direito.

Dando *spoiler*, no dia da sua formatura, no momento que você for pegar o tão esperado canudo, diante de seus familiares, amigos e colegas, vestido da beca (aquele lindo traje preto) e ao colocarem na cabeça o capelo (sabe aquele chapéu pomposo?), irão te dizer: "confiro-lhe o grau de bacharel em Direito". Aplausos! Mas é comum perguntarem se o curso de Direito não deveria ser, logo de uma vez, uma "faculdade de advocacia". Pois bem, a advocacia privada é apenas um dos caminhos, sendo que as carreiras públicas representam tantas outras portas que seria como restringir a formação apenas à metade das possibilidades.

Lembro que muitos que entram no curso já sabe de antemão que não desejam se tornar advogados, o que inclusive pode ser seu atual desejo. Vamos supor que você sempre admirou aqueles que têm a missão honrosa de proteger as pessoas e combater o crime. Assim, não é necessário ser advogado ou advogada para se tornar delegado ou delegada, nem para as demais carreiras policiais. Para magistratura e Ministério Público também não há esta exigência específica e, provavelmente, durante a graduação, muitos titulares desses cargos serão seus professores, oferecendo, assim, maior amplitude no conhecimento em geral. O curso de Ciências e Jurídicas e Sociais, nome e sobrenome da graduação de Direito – e como diz o próprio nome –, é uma ciência ampla e também uma das mais tradicionais.

Veja que o primeiro curso de Direito é datado de 1150 e ministrado na Universidade de Bolonha, na Itália, a mais antiga da Europa. Já no Brasil, o primeiro curso de Direito foi criado em 11 de agosto de 1827 por Dom Pedro I, instalado nas atuais universidades de São Paulo (USP) e de Pernambuco (UFPE). Antes dele, havia apenas o de Medicina, em 1808, e um embrião do que viria a ser o curso de Engenharia. A data de criação do curso de Direito acabou sendo adotada como o "dia do advogado", celebrado anualmente. As portas que o curso abre são fortalecidas, justamente, pelo seu tempo e a tradição.

Por curiosidade, você sabe qual o curso de graduação que predomina entre todos os presidentes que já tivemos no Brasil? Quase a metade deles tinha formação em Direito! Não sei se, de fato, foram os melhores ou os piores, mas é um indicativo forte que o curso tem grande destaque no destino do país. Vale lembrar que a democracia está baseada na teoria dos três Poderes políticos (você vai estudar com calma sobre ela) e um deles é o Poder Judiciário. O que significa que nós, do Direito, temos a importante missão de perpetuar o equilíbrio entre os demais Poderes: o Executivo e o Legislativo.

Quando afirmo que o Direito também abre "janelas", desejo mostrar que não são apenas carreiras profissionais que serão oportunizadas com a conclusão do curso; ele também abre as mentes para a formação de caráter, de senso crítico e opinativo, de valores diferenciados, e na construção de cidadãos que conhecem e defendem seus direitos e de outros. Tudo isso está incluso no "pacote" do bacharelado em Direito. Então, não há dúvidas que o "pessoal do Direito", como somos julgados (e prejulgados), torna a própria luz, antes de ingressar no curso, num farol que cega a ignorância e a intolerância daqueles mal-intencionados.

Por certo, a esta altura do texto, os entusiasmados já tiraram do armário o escudo e a capa de herói ou heroína, em defesa dos pobres e oprimidos de Justiça. Realmente, o Direito oferta muitos papéis, que, quando desempenhados com muito amor, suor e, por que não, lágrimas, podem tornar seus responsáveis em legítimos super-heróis para milhares de pessoas na vida real. E falando em necessitados, você já se imaginou como defensor ou defensora pública deles, promovendo os direitos humanos e a defesa dos direitos individuais e coletivos? Que tal vestidos como promotores de justiça, incumbidos na defesa da ordem jurídica, do regime democrático e dos interesses sociais e individuais indisponíveis? Importa lembrar que ambas as carreiras oferecem vagas em níveis estadual e federal.

Além delas, a Constituição Federal, um dos textos mais importante para nós, operadores do Direito, também designa como "função essencial à Justiça" a advocacia pública, que serve como consultoria e assessoramento jurídico do Poder Executivo e das entidades públicas. Já fui advogado concursado numa delas até seguir para um escritório próprio, e, depois, para vida acadêmica. Você pode, assim, seguir na procuradoria federal (ou advocacia da União), procuradorias de estados ou de munícipios. Para uma breve ideia, o Brasil tem mais de cinco mil municípios, ou seja, cinco mil oportunidades para fazer carreira na área da advocacia pública!

Claro, há a advocacia privada, indispensável à administração da Justiça. Em outro momento, irei escrever mais sobre a advocacia, por ser um destino tão importante para os bacharéis. Mas, antecipadamente, saiba que há mais de vinte e cinco áreas, no mínimo, para seguir na atividade de escritório, que pode ser próprio ou de algum que já esteja em atividade, sem falar dos setores jurídicos das grandes empresas, que estão sempre contratando.

Voltando aos servidores públicos, a carreira da segurança pública, em geral, traz uma ampla oferta de opções, em razão de ter servidores nos três níveis federativos da polícia (federal, estadual e municipal). Quanto à carreira da magistratura, ela atrai milhares de jovens para todos os estados e nas jurisdições federais. O poder de julgar e fazer Justiça estão entre as razões mais importantes para a escolha deste cargo bastante concorrido. Cheguei a cogitar seguir a carreira, mas após concluir um curso preparatório junto à escola da magistratura, descobri que gostava de defender uma das partes, ou seja, ser parcial. Na área trabalhista também há juízes e representantes do Ministério Público, vide a procuradoria do Trabalho.

Além disso, são inúmeros tribunais no país, representados por diversas siglas (logo elas se tornarão comuns a você), tais como: STF, STJ, STM, TST, TRT, TRE, TRF e TJ. Todos eles não se sustentam apenas com ministros e desembargadores, aqueles que são responsáveis pelos julgamentos, mas, especialmente, por servidores concursados ou não, cujos muitos cargos exigem o bacharelado em Direito. Para ilustrar, o cargo de analista na área judiciária é um deles. As demais instituições, como Ministério Público e Defensoria Pública também precisam de assessores e, necessariamente, da formação jurídica.

Se você gosta de empreender e unir esta qualidade a uma carreira pública, tem a possibilidade de seguir como tabelião ou oficial de registro. São mais conhecidos como concursos para cartórios e é preciso ter concluído o curso de Direito. Os cartórios, cada um na sua especialidade, dão conta de registros de nascimento, casamento, inscrição das empresas, registro de imóveis, e tantos outros atos oficiais importantes para vida. E, independente do que você escolher nas oportunidades descritas antes, você pode cumular com o magistério jurídico ou seguir, exclusivamente, a vida acadêmica.

Com o bacharelado em Direito e as pós-graduações necessárias, o magistério é uma carreira linda e apaixonante. Você pode escolher a iniciativa privada como também pública, na qual se encaixam as universidades públicas – neste caso, por meio de concurso. De acordo com a Ordem dos Advogados do Brasil (OAB), há no país mais de mil cursos de Direito registrados, portanto, todos potenciais empregadores. Como também é um país que envolve um universo gigantesco de *concurseiros* e as matérias jurídicas estão presentes na maioria das seleções, há diversos cursos preparatórios contratando professores da área.

Por outro lado, você pode indagar, como outros fazem com frequência, que o mercado "está saturado" de formados em Direito. É verdade, assim como também está saturado de médicos, pedagogos, engenheiros, arquitetos, administradores, psicólogos, enfermeiros e contadores. Cito estes, pois, justamente, são eles que têm os cursos mais procurados na graduação ano após ano, mudando apenas a ordem de preferência. Se há tantos profissionais nessas áreas, por que justamente suas formações são as preferidas? A resposta pode não ser tão simples como a que vou lhe dar, mas é verdadeira: são profissões essenciais.

Ninguém vive para sempre nem é insubstituível na sua profissão, no sentido de que outra pessoa ocupará o espaço deixado para trás. As gerações se sucedem e precisamos de médicos, advogados, juízes, promotores, delegados... Enfim, você entendeu onde desejamos chegar. Além disso, há profissionais e "Profissionais" (com "P" maiúsculo). A concorrência serve para escolher os melhores ou quem se destaca nas suas atividades. Assim, em qualquer área haverá dificuldades, inclusive no Direito. É difícil passar em concurso público? Claro! A boa notícia é que não é impossível, pois se fosse, o serviço público já teria sido extinto por falta de agentes. Mas é também difícil exercer a advocacia? Não há dúvidas sobre isso! Já disse Sobral Pinto, um advogado notável, e repetido até hoje: "A advocacia não é profissão de covardes".

Realmente, o curso de Direito tem inúmeras portas e janelas. Mas para abri-las não basta apenas colocar a mão na maçaneta, pois elas estão todas trancadas. A verdade é que depende tão-somente de você. As chaves estão disponíveis para qualquer um, porém, alcançá-las exige muito além de simples vontade. Exige esforço, perseverança, dedicação, paciência e foco. Algumas portas exigem mais do que outras, mas aqui vai um conselho: não escolha as mais fáceis por não querer pagar o preço, pois ele pode ficar mais caro com o tempo.

A "melhor" faculdade de Direito

03

O assunto deste capítulo é muito importante, pois estudar em nosso país, infelizmente, exige não só grandes sacrifícios, como vultosos investimentos. Assim, ninguém deseja investir errado logo no início, mesmo que muitas instituições facilitem a transferência de uma para outra. Claro que há os financiamentos governamentais ou assistenciais, mas uma transferência envolve também questões que o dinheiro não pode pagar, como as emocionais, a dificuldade de adaptação e a perda de tempo. Em muitas ocasiões, você poderá ter cursado a mesma disciplina que pretende aproveitar na nova instituição, mas por ter menos *créditos* (tempo), não consiga aproveitar.

Caso você ainda não tenha escolhido a instituição, ou demonstre sérias dúvidas se a sua faculdade é a "melhor" ou mesmo percebido a importância do assunto, este texto ajudará a esclarecer uma incerteza comum entre os alunos da graduação. Essa dúvida é mais persistente do que se gostaria carregar e ela poderá acompanhar até o dia da entrega do canudo: "será que fiz uma boa faculdade?". Nesse contexto, é importante que se diga que, por muito tempo, as siglas das universidades eram passaporte certo de estágio ou emprego. O carimbo e a assinatura de uma hipotética "UXX" ou de uma "UYY" tornavam o currículo mais reluzente e atrativo. Ainda há esse costume em muitos lugares, portanto, se você deseja tal vantagem, informe-se quais são elas.

Nos Estados Unidos, por exemplo, quem se forma em Yale, Harvard ou Stanford, cursos tradicionais de Direito, acaba divulgando no cartão de visita ao outdoor esse grande "detalhe". Por outro lado, é possível que determinadas faculdades estejam em listas negras de escritórios brasileiros de advocacia, não por uma avaliação objetiva das condições das mesmas, mas em razão dos seus egressos. Disso, lembramos de uma frase bastante comum nos corredores dos cursos: "quem faz a faculdade é o aluno". Acabei me formando numa universidade particular muito conceituada, a PUCRS, mas não posso ignorar a referida frase.

Com a experiência e sabedoria dos dias de hoje (resumindo, o peso da idade), a minha formação certamente seria seria diferente. Seria um aluno mais aplicado, dedicado e motivado, especialmente diante de todos os recursos tecnológicos que hoje existem (a internet, apenas para ilustrar o abismo das gerações). Portanto, mesmo sendo na PUCRS, "minha" faculdade seria melhor. Não é preciso ter uma bola de cristal entre as mãos para informar que professores ruins existirão em qualquer universidade do mundo, inclusive em Harvard. É bem provável que não encontrará os livros que deseja na biblioteca da instituição que escolher, como o quanto será desconfortável ou precária a infraestrutura. A diferença está em como lidar com a escassez.

Na minha época, eu e meus colegas, quando não gostávamos de um professor, precisávamos desenvolver um exercício de paciência, pois só tínhamos a opção de aprender o conteúdo por meio da leitura de obras volumosas que eram encontradas na biblioteca. Hoje, você pode procurar no Youtube uma videoaula com diversos recursos gráficos do mesmo conteúdo e está resolvido problema. Ou aprender o mesmo conteúdo com músicas, paródias ou mapas mentais que o "Dr. Google" oferece a um clique do mouse ou do toque do dedo na tela. Além disso, os livros são mais acessíveis em todos os sentidos, tanto na linguagem como no valor do investimento. De fato, só não acha quem não procura.

Muitos afirmam que o Direito é um "curso barato" para uma instituição de ensino superior, pois "basta um professor, um quadro e um giz", ao contrário da Medicina ou Odontologia, por exemplo. Muitas delas levam a expressão ao *pé da letra* e oferecem só isso mesmo. Assim, procure visitar as instituições e se informar com os próprios alunos sobre o que pensam a respeito de suas faculdades. Pergunte sobre o que gostam ou reclamam e tire suas próprias conclusões. A OAB fornece, de tempos em tempos, o selo "OAB Recomenda" para instituições que preencham determinados requisitos, avaliados como qualificantes para tal prêmio. Se esse selo pode influenciar a sua decisão, procure a lista das instituições no site oficial do Conselho Federal da OAB (https://www.oab.org.br/).

Julga-se ainda necessário retomar a frase "quem faz a faculdade é o aluno" para completar o raciocínio. O sentido deste pequeno manual é tornar você e todos os seus colegas melhores estudantes do que se não tivessem nada para se apoiar. Não tive essa oportunidade quando iniciei, por isso, caso nossos filhos decidam pelo Direito, que eles as tenham como direção iluminada numa longa caminhada que apresenta muitos momentos escuros e assustadores. O curso não é fácil, mas se fosse, a conquista seria ignorada ou desprezada, não é verdade? Um romance fácil a gente não se prende, mas se exige grandes esforços, a conquista é muito desejada e festejada.

A sua melhor opção é viver bem a experiência que a faculdade lhe proporciona. Enquanto isso, há os *sofrenildos*, aqueles que sofrem com a frequência de 75% e tiram as notas mínimas para superar o semestre (que variam de 5 a 7 de 10). É triste perceber que eles vivem um estado *zumbi* durante a formação na busca do que apenas interessa: o diploma. É claro que o canudo motiva, mas não é o destino o que mais importa, e sim, a trajetória. Sem saber aproveitar e aprender com ela, o destino até vem, mas ele chega mais pobre, fraco de lembranças e recordações.

Assim, é comum ouvir arrependimentos depois que as luzes da festa de formatura se apagam. Chega a hora de acender a luz da consciência. "Por que não estudei mais?". "Por que estudei só de véspera?". "Por que faltei tantas aulas?". "Por que não levei a sério?". "Por que vivia distraído em sala de aula?". Façamos um desafio. Saia para entrevistar aqueles que estão se formando e pergunte: "Você tem a sensação de que está saindo da faculdade e não sabe nada?". Você ficará impressionado com o que ouvirá, mas, infelizmente, é a realidade para muitos. Em breve, iremos tratar com mais calma desse tema.

A partir do olhar clínico e treinado pela experiência em livrarias, reconheço de longe quem acabou de se formar pela grande quantidade de livros na sacola. É como fosse tirar o atraso do tempo e aliviar o peso na consciência pela falta de comprometimento que se sucedeu durante a graduação. Diferente dos filmes e séries, dar *spoiler* é a melhor coisa que podemos lhe oferecer para evitar cometer os mesmos erros, inclusive os meus, quando era graduando. Você perceberá que muitos gostam de terceirizar seus erros e fracassos para a instituição que concluíram grau, pois não reconhecem que se acomodaram apenas com seus cadernos (ou de outros), com os textos indicados e não lidos, com *vade mecuns* desatualizados ou ignorados, com os professores medíocres e com as suas próprias desculpas.

É um valioso aviso para que a sua melhor opção de faculdade possa estar em você mesmo! O norte da bússola do aprendizado é o mínimo que você receberá como indicação, mas a caminhada é sua. Pode ter certeza que as rotas do GPS que o curso oferece são seguras, mas é com você a decisão de seguir adiante ou ficar dando voltas sem sair do mesmo lugar. Com o tempo, a sua voz interior será o melhor navegador nas encruzilhadas. No entanto, ela precisa estar bem alimentada com as referências que os professores ensinam. O aluno de Direito não é um decorador de leis, pois qualquer um conseguiria. Assim, essas referências podem ser encontradas na doutrina e nos julgamentos dos tribunais superiores.

Pode ser que essas colocações não façam sentido, pois você já escolheu uma universidade pública por não ter condições de suporte financeiro para outra opção ou por considerar todos os benefícios que lhe são atribuídos. Ocorre que, mesmo nas melhores públicas, você enfrentará problemas comuns a todas instituições; assim, considere o texto na íntegra. Não importa se você conseguiu vaga na universidade dos sonhos ou na "top das galáxias". Não relaxe, fique sempre atento. A concorrência interna costuma ser maior entre os alunos. É bem provável que enfrentará colegas que nasceram em famílias com tradição na área jurídica, portanto, convivem muito mais tempo com temas que ainda serão descobertos em sala de aula. E caso você seja um deles, a ordem é a mesma: não afrouxe, pois as cobranças familiares poderão ser maiores de quem não tem qualquer vínculo anterior.

Por fim, mesmo que tenha tomado todas as precauções para escolher uma instituição e ela não corresponder com suas expectativas, não ouse mudar, pois, certamente, tantas outras estarão de braços abertos para acolher alunos insatisfeitos com propostas mais sedutoras. Você pode ainda perguntar: e se não melhorar mesmo com a transferência? Pode ser que não seja o ambiente externo que precisa ser mudado, mas você próprio. Tome, por exemplo, a queixa de acadêmicos que dizem ser perseguidos pelos professores. Eles mudam de instituição e o problema se mantém. Será que não é mania de perseguição?

Pergunte-se sempre que achar que chegou ao seu limite: o problema está na faculdade ou em você? Se estiver na faculdade, mude de instituição. Se estiver em você, mude a si próprio e seja a sua melhor opção. Você descobrirá que a mudança interna, mudará o mundo a sua volta. Muitas vezes, são tantos ruídos que impedem você perceber o sinal de forma nítida. O seu sonho de estar numa faculdade não pode se tornar um pesadelo diário, pense nisso. Pense nas suas escolhas.

A Síndrome do Estudante de Direito

04

Quando iniciei o curso de Direito, logo tive a mesma dúvida de todo o aluno: afinal, onde estão as disciplinas jurídicas? É provável que haverá a oferta de muitas "introduções" ou matérias que não se esperaria no curso, como Economia, Filosofia, Sociologia ou Ciência Política. Não deixe que a ansiedade tome conta das suas emoções! Veja que serão, pelo menos, dez semestres de formação, tempo necessário para ter uma visão geral do Direito. Sim, saímos da faculdade "generalistas" ao pegar o canudo no dia da formatura. Mesmo que tenha se apaixonado pela área trabalhista, tenha se dedicado mais nela, não sairá uma especialista na matéria. Para tanto, há os cursos de pós-graduação para direcionar e aprofundar conteúdos de sua preferência.

Sempre é bom lembrar que o curso de Direito abrange as ciências jurídicas e sociais, portanto, você terá contato com este universo que não se resume apenas a uma galáxia. Viajará por outras órbitas além das mais conhecidas, como Direito Civil e Direito Penal ou aquelas processuais. No primeiro ano, em especial, é provável o sentimento que tenha ingressado no curso errado. Não é por acaso que muitos alunos desistam do curso mesmo antes de completar a metade da formação por "não se identificarem" com a matéria. Então, não se assuste diante de disciplinas que você possa achar estranhas ao conteúdo programático. Não fui diferente em relação aos questionamentos sobre a necessidade de determinados assuntos constarem na grade, porém segui adiante na certeza que dias melhores viriam (e chegaram!).

Não há dúvidas que, quando ingressam, muitos nem sofrem com os semestres introdutórios, pois já estavam cientes dos primeiros desafios. Porém, tantos outros acabam escolhendo o curso ou a instituição de última hora e não se prepararam, psicologicamente, para o que viria logo no início. De fato, não são todas as faculdades que são claras quanto à grade curricular. Ademais, ela não é única, ou seja, não precisa ser idêntica em todas instituições de ensino. Cada uma delas têm uma certa liberdade de escolha, mesmo que haja aquelas disciplinas obrigatórias e básicas no curso. Portanto, é natural que haja uma variação curricular entre elas. Além disso, algumas buscam se diferenciar em razão de uma determinada linha adotada, como uma faculdade de negócios, que irá privilegiar disciplinas vinculadas à atividade empresarial.

Bem, quando você começa a vencer aquelas matérias alienígenas, começam as teorias gerais e as introdutórias. Teoria geral disso, teoria geral daquilo, introduções, fundamentos, e parece assim uma ciranda que nunca acaba. É como ir ao cinema para ver um filme de super-heróis e, na primeira hora, eles estão entediados contando piadas sem graça um para o outro. Ora, quando irão salvar o mundo? Não se preocupe, pois tudo fará sentido depois. Se você não preparar o terreno para a construção da ponte dos seus conhecimentos, o que acontecerá no futuro? Um desastre, pois afundarão os pilares pela falta de conceitos iniciais! Portanto, muita calma nesta hora, pois tem sido assim desde antes de quando entrei na faculdade.

Depois começarão as disciplinas seriais. Direito 1, 2, 3, 4, até perder de vista os números. Apesar de anteriormente mencionar que saímos "generalistas" da faculdade – pois aprendemos de tudo –, na verdade, o Direito Civil é onipresente no curso: quase todo o semestre letivo tem um assunto civilista. Não seria diferente, pois inicia mesmo antes do nascimento da pessoa, passa pelos momentos mais importantes das nossas vidas, menoridade e maioridade, entre direitos e obrigações, incluindo casamento e sua dissolução, filhos e patrimônio até chegar à morte. Então, não é pouca coisa. Só o Código Civil tem mais de dois mil artigos!

Direito Penal é outra disciplina influente e queridinha dos acadêmicos, e os motivos são diversos. Não são poucos alunos que escolheram o curso em razão dos filmes hollywoodianos de tribunais, naquele formato de longas batalhas jurídicas com cobertura da imprensa, repleto de intrigas, assassinatos e heroísmo por parte dos advogados ou promotores. Livros também justificam esse amor à área, especialmente aqueles publicados pelos advogados estadunidenses, como Scott Turow e John Grisham. Também é verdade que as ditas "páginas policiais" servem para influenciar o interesse e ajudam a ilustrar o conteúdo durante o aprendizado.

Para quem irá seguir as carreiras públicas, precisará necessariamente dar grande atenção às disciplinas de Direito Constitucional e Direito Administrativo, porque são aquelas que mais estão presentes em provas de concursos. Mesmo que você tenha decidido pela advocacia, qualquer especialidade que seja, a Constituição Federal é "quem dá a última palavra". Portanto, não poderá sair pela tangente nessa disciplina. Outras duas matérias obrigatórias em qualquer grade curricular, mas que de algum modo são desprezadas por quem acredita que nunca precisará delas no futuro, são Direito Tributário e Direito Empresarial. A primeira até pode parecer um assunto para contadores, mas é quem tem gerado, junto com a segunda, grande receita aos escritórios especializados.

Claro, tem Direito do Trabalho, área que tem conquistando os alunos pela simplificação dos processos, resultando em ganho mais rápido em acordos, e a própria questão da proteção social das relações de emprego. Quem acaba decidindo seguir para esta área, é bem provável que precisará lidar com matéria previdenciária. Por outro lado, há disciplinas que são consideradas como "periféricas" pelos alunos, pois eles não se enxergam, profissionalmente, atuando nelas, como Direito Eleitoral, Direito Internacional, Direito Econômico, Direito Ambiental, Direito Financeiro entre outras que são ofertadas como complementares ou optativas. No entanto, preste atenção nelas, pois o mercado poderá requisitá-las como um diferencial.

É possível, também, que você cruze com ramos do Direito que não estão na grade do seu curso, mas que nem por isso precisam ser ignorados. Ao contrário, destacar-se num panorama que se diz saturado pode estar exatamente no aprofundamento a alguma dessas áreas. Muitas vezes são novas especializações ou que, por alguma razão, retornaram com força no mercado jurídico. Assim, não estranhe nomes como Direito Funerário, Direito Aeronáutico ou Aeroespacial, Direito Desportivo, Direito Digital, Direito Marítimo, Compliance, Coaching Jurídico, Direito Bancário, Direito da Energia, Direito do Petróleo, Direito Sanitário, Direito Médico, Fashion Law, Biodireito, Direito Imobiliário, Direito Militar, Direito Agrário etc.

Lembre-se que, ao final do curso, será necessária a entrega de um trabalho de conclusão, mais conhecido como Trabalho de Conclusão de Curso (TCC). Para tanto, haverá disciplinas para enfrentar melhor essa fase da vida acadêmica e que envolve não só a escolha de um tema, mas muita pesquisa. Diversas instituições oferecem cursos de idioma e que poderão, mais uma vez, fazer a diferença. Algumas delas trazem no currículo cursos de inglês jurídico, tão necessário para um mundo cada vez mais globalizado. Para completar, outras disciplinas comuns ao curso são: Direitos Humanos, Direito do Consumidor e Direito da Criança e do Adolescente. Também existem as disciplinas de prática jurídica e aquelas correspondentes ao processo, que podem ir além da clássica tríade (*civil-penal-trabalho*), como Processo Tributário, Processo Constitucional etc.

Vencida esse visão panorâmica, um pouco romantizada, do que se espera navegar nas águas nada calmas do Direito, você pode achar chegou a hora de enfrentar a quase inevitável *Síndrome do Estudante de Direito* ou, simplesmente, SED. Já escrevi a respeito dela no meu livro *Poder da Aprovação* e desperta um choque de realidade. Imagine-se no seguinte exemplo. Você sai com a sua turma da faculdade para restaurante ou bar. Repare que alguém do grupo irá questionar a conta final. Sabe por quê? Para não incluir a gorjeta dos 10% do serviço do garçom que, culturalmente, é cobrada e, portanto, opcional. Esse é um dos primeiros reflexos do que chamamos de "eu já sei meus direitos".

No primeiro ano, o aluno de Direito assume uma posição, em grande parte, arrogante. Pergunte aos alunos dos outros cursos de graduação, desde que deixe de lado o pessoal de Medicina e Odontologia, pois são a ameaça ao posto de "doutores" das escolas universitárias. Muitos colegas seus sonharão em fazer *concurso* para serem ministros do STF ou STJ ou advogados de ricos e famosos. A autoestima circula nos mais altos níveis, mudando o jeito de falar, caminhar e até de se vestir. Porém, o tempo passa e com ele vem muitas leituras e provas, e no segundo ano, o censo de realidade está mais ajustado; sabe-se que não há concurso para ministros e que a magistratura, promotoria ou carreira policial são dignas de suspiros.

No terceiro ano, as disciplinas seriais dominam os cronogramas e, a cada dia, novas responsabilidades não permitem mais dormir o "sono dos justos", curtir a vida social com os amigos nem planejar mais um futuro além de conquistar uma vaga num tribunal como analista ou assessor jurídico, ou abrir um escritório alugado com os colegas da faculdade para *rachar* as despesas. O quarto ano do curso entra avassalador, exigindo horas complementares, o cumprimento de disciplinas optativas, estágios e tudo mais, o que torna impossível cumprir as tarefas sem um balde de café diário. É quando os alunos já pensam em opções profissionais mais condizentes com seu estado emocional, como concursos para prefeituras ou vagas de nível médio no Judiciário.

No último ano, com os fantasmas da entrega do TCC, de se formar com os colegas e alcançar a aprovação no Exame da OAB, os alunos só desejam cruzar a linha de chegada com saúde suficiente para aproveitar a festa de formatura. Assim, a escala da ambição, que, logo no primeiro ano, inicia lá no topo do Everest, termina no subsolo quando da conclusão do curso. A boa notícia é que você já sabe o que acontece durante a faculdade. Antecipar-se é o melhor antídoto da SED, pois você dará atenção aos primeiros sintomas, como reclamar de tudo e julgar a todos, acreditar que tem sempre a razão e que "tudo depende", o que não é bem assim.

Estar à frente também é estar preparado ao que vai ser ministrado pelos professores; é investir na sua curiosidade, uma virtude essencial para o acadêmico de Direito; aprender a gostar de ler, pois a leitura é fundamental em nossas profissões. Enfim, se você fizer um pouco diferente em relação aos seus colegas, o resultado seguirá a mesma lógica. Se plantarmos morangos e cultivá-los, iremos colher morangos. Agora, se desejamos morangos, mas plantamos abacaxis, a colheita será frustrada.

Leis, doutrina, jurisprudência e opinião própria

05

Pode ser que você tenha decidido pelo curso de Direito depois de ter sido fisgado pelas histórias ambientadas no mundo jurídico e construídas por Scott Turow e John Grisham, ambos advogados estadunidenses e famosos escritores. Ou pelos filmes que adaptaram seus livros, como *A Firma, Tempo de Matar, O Júri, O Cliente, O Ônus da Prova* ou *Acima de Qualquer Suspeita*. Seu interesse também pode ter vindo por qualquer uma das séries famosas que retratam a advocacia, como *Suits, How to Get Away with Murder, Better Call Saul* ou *Boston Legal*. No entanto, uma advertência: *aquele* Direito dos livros, séries e filmes não é o que você aprenderá na sua sala de aula.

Explica-se. O sistema adotado pelos Estados Unidos e Inglaterra denomina-se *common law*, baseado em precedentes jurisprudenciais, cujas decisões judiciais são fonte direta para consulta. Imagine os protagonistas de alguns dos títulos citados acima correndo contra o tempo (e contra os "malvados") para encontrar uma decisão judicial a seu favor que se encaixe no caso que estão defendendo. No Brasil, adotamos a *civil law*. Ou seja, se as histórias fossem em nossos tribunais, os advogados estariam correndo atrás de brechas na lei ou de uma nova interpretação sobre o texto legal que está sendo discutido. As nossas novelas não retratam de forma fidedigna nosso sistema, misturando Hollywood com suas tramas nacionais.

Logo no primeiro ano, será apresentado a você um "tijolo" que pesa mais de dois quilos, tem mais de 2.500 páginas e com um nome que parece ter sido tirado de uma sessão de exorcismo, o *vade mecum*. Na verdade, é uma expressão latim e quer dizer "vem comigo". É a reunião prática de todo tipo de lei que um operador do Direito precisa ter em mãos. Bem, não são todas as leis que já foram publicadas e estão em vigor, pois precisaríamos de muitos outros volumes para se dizer "completa a legislação", e nem todas que estão no *vade mecum* você precisará conhecer. É apenas o "básico" para um universitário. Trata-se de nossa versão de estetoscópio que todo estudante de Medicina precisa carregar envolto no pescoço durante o curso. Levamos a vantagem de que não tem como esquecê-lo por aí. Ironicamente, é mais fácil deixá-lo, propositalmente, em casa, em razão do volume, do que carregar para sala de aula, exceto nos dias de prova, se os professores permitirem o uso.

Como você deve imaginar, existem milhares de leis e elas se atualizam a toda hora. Por isso, antes que você pergunte se precisa comprar um novo *vade mecum* a cada ano, indica-se que esta é a melhor opção. A boa notícia: não é o livro mais caro do curso e que há inúmeras ofertas pelas mais diversas editoras, sempre com alguma ótima promoção. Em sala de aula, o *vade mecum* ajuda a acompanhar a indicação dos artigos de lei e destacá-los, pois, dentro de centenas de milhares, saber quais são os mais importantes (e o que cai em prova!) é como ter o Google sempre aberto, mesmo off-line. Aprender a consultá-lo também é um dos benefícios que se tem com o uso constante, especialmente na hora da avaliação, quando o nervosismo pode impedir de encontrar as respostas.

Antes de continuar, atente-se que o estudante de Direito não é um mero decorador de leis. É bem provável, com leitura e prática, que aprenda de cabeça os números e o texto daquela legislação que mais está familiarizado e tenha estudado. Assim, não se angustie caso não consiga lembrar os números dos artigos ou parágrafos de uma determinada lei, ou da própria lei. O tempo será camarada nesse sentido, desde que se importe em reconhecê-los. Atente-se que qualquer pessoa tem acesso às leis, portanto, se fosse suficiente saber a lei, todos seriam potenciais operadores do Direito ou advogados. A diferença que será construída durante o curso está no modo de interpretá-las a partir de alguns pontos de vista, como da doutrina e da jurisprudência.

Usamos aqui a expressão *doutrina* como conjunto de pensadores, pois, em geral, você ouvirá na faculdade seus professores afirmarem que "a doutrina clássica", "a doutrina minoritária", "a doutrina majoritária", diz isso ou aquilo. Em razão disso, todo início de semestre, o professor irá indicar uma bibliografia obrigatória e outra complementar. A primeira, comumente, é aquela que está inserida no programa da instituição. Ela é básica, porém, essencial. Às vezes está ultrapassada, por isso, considere também a lista complementar. De qualquer forma, é importante você solicitar essas listas caso sejam ignoradas pelo docente, pois servem de suporte teórico para o aprendizado. Ademais, exatamente como ocorre com a legislação, é sempre melhor você ter em mãos a última edição do título, mais atualizada e, em geral, ampliada.

Outra dica de como escolher o livro doutrinário é examinar o sumário. Quanto mais completo e específico, mais fácil fica de consultar. O número de páginas tem importância relativa quando comparada duas ou três obras, pois muitas vezes um autor precisa escrever cinco páginas para dizer o que outro entrega pela metade sem ser superficial. A linguagem e o estilo, assim, devem ser considerados, pois um livro difícil de ler será um convite para torná-lo apoiador de tela de computador. Recursos gráficos também são bem-vindos, como quadros e esquemas de fixação, inclusive questões comentadas de concursos e Exame da OAB. Atualmente, é possível encontrar livros que vão além das suas páginas, complementados com vídeos dos próprios autores.

Na minha época, não existia *vade mecum* nem todas estas modernidades editoriais. Cada código era um volume separado e os livros jurídicos não tinham o objetivo de facilitar a leitura: letras pequenas, parágrafos gigantescos e recheados de notas de rodapé. Se não entendíamos sobre o conteúdo, tínhamos que ler quantas vezes fosse necessária a compreensão, pois não havia outros dez livros do mesmo conteúdo que pudéssemos comparar. Em muitas ocasiões, precisávamos ler dois ou mais livros sobre um assunto idêntico para ter uma ideia abrangente da matéria, pois os autores tinham visões divergentes. Hoje, é muito difícil não encontrar um livro que não traga todas as divergências que o tema possa envolver, além das orientações jurisprudenciais que alimentam o contexto.

Agora que você sabe que a *civil law* é o sistema adotado por nosso país, adverte-se que a jurisprudência, sobretudo, as súmulas dos tribunais superiores, são fundamentais também para um aprendizado completo. Em outras palavras, a lei, a doutrina e a jurisprudência se completam. É a *tríade jurídica* que todo estudante precisa ter em mente. Para ter uma opinião formada é preciso antes conferir cada uma dessas fontes do Direito. Veja, por exemplo, a diferença entre estas duas afirmativas: "Sou a favor da pena de morte para crimes hediondos" e "Sou a favor da pena de morte para crimes hediondos, mesmo que a Constituição Federal permita apenas em caso de guerra e o Supremo Tribunal Federal negue a extradição para países que praticam a pena de morte para este tipo de crime". Nesta última, ainda poderíamos incluir o posicionamento de juristas de renome em favor da pena capital para dar mais crédito a ela.

Assim, todo mundo pode ter a sua própria opinião e compartilhar nas redes sociais. Porém, o acadêmico de Direito pode levar a sua opinião a ter maior alcance e repercussão, ao demonstrar que conhece o assunto. Este diferencial não brota apenas da leitura da legislação, mas de textos doutrinários e da jurisprudência dos tribunais. Na internet, há diversas plataformas virtuais que colhem artigos científicos, como Scielo, Google Acadêmico, Academia.edu, entre outros, à distância apenas de um clique! Sites jurídicos e blogs informativos também alimentam todo este sistema de aprendizado virtual, bem como os sites institucionais dos tribunais, nos quais é muito fácil pesquisar a jurisprudência a partir de palavras ou temas.

Caso você se canse de tanta leitura, seus ouvidos podem revezar a árdua tarefa de aprender por meio de *podcasts* jurídicos oferecidos por aplicativos diversos. A TV Justiça é outra referência de conhecimento disponível. Hoje, indiscutivelmente, o Youtube também é uma potente ferramenta para educação: você pode aprender o que quiser e de forma gratuita! Observe, apenas, o quanto estão atualizados os vídeos, quem os produziu, podendo ser um professor ou uma instituição.

Importa lembrar que você está matriculado em Ciências Jurídicas e Sociais e, portanto, o aprendizado não se resume ao conteúdo jurídico. No entanto, costuma-se ouvir, quando se pergunta aos acadêmicos de Direito sobre *qual livro que se está lendo no momento*: "apenas os manuais" ou o "vade mecum", dizem eles. É uma pena, pois veja o exemplo de um advogado em Direito de Família. Ele tem que entender um pouco de psicologia também e, para tanto, precisa estar atento ao que os psicólogos escrevem sobre as dores de um divórcio. Um juiz trabalhista, outro exemplo, precisa estar atento à economia, ter noções sobre história social e de atualidades, até para argumentar de tal modo que não veja sua sentença reformada pelo tribunal competente.

Sendo assim, construa um conhecimento amplo e diversificado, mesmo que não pareça tão útil durante a graduação ou não tenha conexão direta com suas disciplinas jurídicas. Filosofia e Sociologia, disciplinas incompreendidas por muitos, deveriam estar na biblioteca de qualquer acadêmico de Direito. Veja que um pequeno livro, logo abordado no início da faculdade, *O Caso dos Exploradores de Cavernas*, de Lon Fuller, que foi professor de Direito em Harvard, está sempre entre os mais vendidos, pois sugere muito mais a reflexão do que a própria aplicação da lei. O *pensar jurídico* é o que distingue o mero decorador de leis ou, em francês, *bouche de la loi* (boca da lei), expressão aplicada aos juízes franceses que apenas reproduziam a lei, sem a mínima interpretação da mesma.

O Direito tem essa magia de alguém sair da faculdade muito bem formado e informado, além de respeitado. Mas é preciso se esforçar para conquistar esse conhecimento e reconhecimento, pois achar que se tornou automaticamente "doutor" não quer dizer muita coisa, exceto se formalizou esse título por meio de um doutorado. Até dirão a você, justo de quem se preocupa em manter essa formalidade e esconder a mediocridade, que Dom Pedro I, lá em 1827, decretou que os formados em Direito deveriam ser tratados como *doutores*. Não caia nesse conto – o caminho mais fácil não leva mais longe.

Por isso, tenha consciência de que é necessário querer aprender sempre e ter a curiosidade de um cientista jurídico. Sua opinião própria será construída com a *tríade jurídica* e com todas as fontes que o mundo irá oferecer. Saiba que Abraham Lincoln, Mahatma Gandhi, Nelson Mandela, Barack Obama e Michelle Obama têm em comum a formação em Direito. *Diga-nos com quem andas (livros) e nós te diremos quem tu és!*

Como conciliar a vida com os estudos

06

Desde que se ingressa na faculdade de Direito, surge um mantra: "não tenho mais vida". A boa notícia é que não é exclusividade de ninguém esse fardo. Se você era um adolescente que reclamava de tudo, seus pais nem irão perceber a mudança para a vida adulta. Por outro lado, há uma má notícia. Qual é? É como no videogame: cada fase vai ficando mais difícil. Inicialmente, os alunos dos primeiros anos da faculdade queixam-se muito da nova rotina universitária. Depois, cessam as queixas? Não! Elas continuam, mas em outro tom.

Muita gente diz que a vida universitária é mera continuação do que se tinha no colégio, mas só posso entender essa afirmação como um despiste do que realmente está esperando o aluno. Percebe-se isso em sala de aula, quando o aluno chama o professor da faculdade ainda do jeito que chamava no colégio: "profi", "sôr" e "sôra". Alguns colegas de magistério até já relataram que foram chamados de "tio" e "tia".

Definitivamente, a vida no colégio é bem diferente – isso você já sabe ou logo saberá. Uma das grandes diferenças é que as turmas, em geral, são bem heterogêneas quanto à idade. Se antes acostumava-se a estudar e a conversar com gente da mesma idade, com os mesmos problemas e aflições, agora haverá uma diversidade alta, o que poderá gerar conflitos intergeracionais ou formação de pequenos grupos por faixa etária. Assim, levará algum tempo até criar laços com os colegas para ajuda mútua com trabalhos e notas, bem como até achar o "seu lugar" na turma ou "sua voz". Essa tensão de conquistar o seu espaço reflete em angústias e dúvidas, especialmente se ainda há uma grande timidez a ser vencida.

Porém, as tensões não se encerram quando você encontra a "sua luz" ou a sua turma, nem mesmo quando fixa o seu local dentro da sala, seja nas primeiras fileiras de classes, seja lá no fundão, onde todos gostam de sentar em dia de prova. A cada início de novo semestre letivo, colegas novos surgirão (quem sabe o amor da sua vida ou alguém que sentará justo no seu lugar de sempre), bem como professores que a fama chegou antes por razões não tão boas como gostaria. Claro, tem as temidas disciplinas que o aluno já tem preconceito, como Direito Empresarial ou Tributário.

Provavelmente, você já teve contato com diversos *memes* que mostram o "antes" e o "depois" de cada semestre. Caso a sua inocência ainda se mantenha intocada às mensagens subliminares dessas imagens, advirto que o "depois" sempre é pior! Lembra da "Síndrome do Estudante de Direito"? Pois então, ela se valida com esses *memes* e com o *bullying* dos colegas veteranos que gostam de lembrar que a cada semestre piora a vida em todos os aspectos. Se fosse só estudar, até você acharia que não seria tão ruim, o problema é ainda enfrentar rotina de trabalho, de estágios, de cuidar dos filhos ou dos pais, os boletos que não param de chegar, ou da mesada que não dá mais nem para o cafezinho do bar da faculdade. Somam-se os *perrengues* e as *tretas* e a conta emocional ultrapassará os juros bancários do cartão de crédito!

De fato, a maioria dos acadêmicos tem dificuldades de se manter equilibrado diante das exigências da vida universitária e das demais, como se fossem distintas ou assumisse múltiplas personalidades. Sabe como eu sei? A maioria chega ao final do curso e se pergunta: "e agora?". Em outras palavras, perde-se a noção do tempo quando se é acadêmico. Acaba que as necessidades imediatas são manter a chamada em dia e uma agenda com as datas de provas e entrega dos trabalhos.

Assim, as possibilidades profissionais que deveriam despertar para o aluno durante o curso, ficam adormecidas em razão de tantos compromissos que a faculdade exige em concorrência com as outras responsabilidades fora dos muros da instituição. Em minhas pesquisas informais, metade dos alunos do último ano não têm certeza do que irão seguir após a formatura, mas a razão é quase unânime: não tiveram tempo para pensar. Argumentam que é tanta coisa para ler, assistir, participar e estudar que todo o resto é varrido para debaixo do tapete.

Inclua todas as atividades de classe e extraclasse, além das tarefas do cotidiano, como ajudar na organização da casa, trabalhar, levar o *pet* para passear, cuidar da saúde, tirar selfie na academia, estagiar, procurar estágio ou emprego, visitar a família, sair com os amigos, ficar nas redes sociais, "maratonar" séries... Realmente, o tempo é uma moeda em escassez no século XXI. Apesar de tudo isso, ainda lhe perguntam "quando é que você irá arranjar um namorado ou namorada?". Pois então, não é fácil essa vida universitária. Mas alguém lhe disse que seria fácil? Se disse, é melhor revisar as amizades, pois no Direito a turbulência é constante e você deve manter os cintos apertados, porque o piloto some a todo instante! Porém, muitos não dizem que quem pilota é você; por isso, muita calma nesta hora.

É mais fácil reclamar que o tempo não se ajusta aos nossos compromissos do que aceitar que somos nós que precisamos nos adaptar a ele. A mais popular das desculpas que você ouvirá dos seus colegas em dia de prova é: "não tive tempo para estudar". No entanto, se olhar atentamente o *feed* ou os *stories* das redes sociais deles, provavelmente você encontrará as razões certas de que não se trata de tempo, mas de prioridades. Não estou propondo que você e seus colegas precisam ficar presos em uma ilha deserta sem internet, apenas com *vade mecum*, livros e o Wilson (saberá de quem estou falando se assistiu ao filme *Náufrago*) para estudar. Não tenho dúvidas de que há mais vida além da janela do seu quarto ou da sala de aula e das janelas do seu navegador.

Como tudo na vida, é preciso ter equilíbrio. Assim, a regra é que o tempo de estudos deve interagir com as demais atividades do seu cotidiano. Diante disso, três conclusões importantes. A primeira é que o tempo de cada um é único. Portanto, não é possível comparar o número de horas de estudo com o dos seus colegas nem de outras pessoas. O que funcionou para mim pode não funcionar para você. Segunda, a percepção do tempo é subjetiva. Podemos assistir a uma mesma aula com o mesmo professor e você achar que o tempo "passou voando"; por outro lado, posso afirmar que pareceu uma eternidade. Por fim, pode ser que hoje você tenha mais tempo para estudar e amanhã, com o início de um estágio num dos turnos, não ter a mesma disponibilidade.

Outra regra importante é que quantidade de horas não é o mesmo que qualidade de estudos. Já percebi que os meus alunos que têm o dia cheio no trabalho e ainda a faculdade no turno da noite conseguem se dedicar tanto quanto quem ainda não responde por outras atividades. A escassez de tempo acaba trazendo maior concentração e eficiência quando precisam estudar. Menos distrações acontecem e há uma certa pressão para aproveitamento do tempo escasso. Uma régua que você pode usar é comparar o que estudou ontem, o que estudou hoje e o que estudará amanhã.

Reitero que é preciso equilíbrio, ou seja, você não pode sacrificar tudo em nome da faculdade, como a saúde mental e fisiológica, o convívio social e familiar. Os momentos de descanso refletem diretamente na qualidade dos estudos, na atenção e no foco. Um grande amigo, William Douglas, escreveu um grande livro, *Como passar em provas e concursos*, um legítimo best-seller. Concordo quando ele afirma que há três motivos básicos para a falta de tempo: falta de prioridade, falta de organização e multiplicidade de responsabilidades.

Pense que ninguém lhe deu a opção, quando entrou no colégio, de escolher determinadas matérias para estudar e excluir outras que não gostasse, pois o pacote era único e completo. Agora, na faculdade, você escolheu o curso do Direito por algum objetivo ou razão, sendo assim, é natural que seja ele sua prioridade nos próximos quatro ou cinco anos. Caso o interesse esteja em outras atividades, deixando o Direito sempre para depois ou quando sobrar tempo, talvez seja o momento de parar e refletir se o curso é adequado para você, pois ele vai continuar exigindo atenção depois da formatura. Pense numa relação em que apenas uma das partes do casal se dedica a ela. Não há dúvidas que um dia a parte dedicada vai se cansar e dar um basta na relação. Aprendemos que o Direito não socorre aos que dormem ou, em latim, *"dormientibus non sucurrit ius"*.

Quanto à falta de organização, é comum nas primeiras semanas de cada semestre letivo encontrar alunos nos corredores procurando suas salas, entrando em salas erradas ou esquecendo qual dia tinha aula. Ocorre que as informações da grade dos horários são normalmente confirmadas quando da data de matrícula, ou seja, os alunos acabam não dando a devida atenção à própria agenda. Felizmente, nos dias de hoje, cada vez mais o pessoal adere aos *planners*, como forma de organização e planejamento de estudos.

Organizar-se é saber, antecipadamente, o que irá fazer em cada dia da semana,. Tenha certeza que, ao colocar no papel o seu dia a dia, você terá não só um controle melhor do seu tempo, como meios para criar estratégias de estudo. Exemplificando, você prometeu aos seus pais que iria visita-los na Páscoa e a viagem de ônibus é longa. As datas das provas estão próximas, então o que você irá fazer? Aproveitar o percurso para estudar. Terá os dias de longa espera nos consultórios médicos, os feriados no meio da semana, entre outros eventos que podem ser bem resolvidos com um livro na mão ou um *podcast* interessante para aprender mais sobre assuntos que não domina.

Aprender a flexibilizar os horários de estudos com responsabilidade também faz parte do *combo* da organização. Sabe aquela noite mal dormida que pode estar cobrando as horas de sono perdidas logo no momento que você tinha escolhido para estudar a Lei de Licitações? Pois então, estudar com Morfeu, deus dos sonhos na mitologia grega, cutucando-lhe sem parar, certamente não irá render nada além de grandes olheiras. Nesses casos, o melhor é um cochilo breve (e uma caneca de café depois) para retomar a leitura de forma revigorada. Dizem que somos donos do relógio e o horário é o nosso empregado, então, faça ele ser eficiente!

Por fim, no caso de multiplicidade de responsabilidades, encontrar uma brecha na agenda para estudar exige um exercício mais dinâmico. Vamos supor que você seja pai ou mãe – assim, os estudos não serão seus filhos únicos. Será necessário dividir seu tempo, respectivamente, ao número de focos de atenção. Parece ser impossível conseguir levar tudo ao mesmo tempo, mas em todas as formaturas que já fui não há turma que não tenha formandos com filhos pequenos na colação de grau. Há quem diga que o *"tempo não se tem, mas se cria ou se faz"*.

Não tenho dúvidas que há um farol em cada um de nós, que ilumina mesmo em nossas tempestades pessoais. Essa luz serve de guia para os nossos sonhos, como serve de guia para navios perdidos ou para evitar que se choquem na costa. Se essa luz aponta para o sonho de se formar em Direito, tenho certeza que servirá de auxílio e motivação para concluir o curso, mesmo diante das condições adversas. Às vezes ela está desfocada, mas basta lembrar dos esforços seus ou de quem sustenta esse trajeto, ou do objetivo de melhorar a vida de sua família, para ajustar a força e a direção da sua luz.

A arte da convivência com seus colegas e professores

07

Quando saímos do colégio, há um rompimento de grande parte dos laços afetivos com nossos colegas. Você pode até negar, afirmando que ainda mantém amizades daquele tempo, mas se parar por um instante, o quanto já esfriou tantas outras que você jurava que seriam eternas? Não dá para contar aquelas que ficaram apenas nas redes sociais. Veja que quanto mais tempo passa da formatura da escola, mais escassos se tornam os encontros dos ex-colegas. Exceto aqueles que escolheram o mesmo curso que você ou a mesma instituição, o fato é que cada um seguirá uma nova realidade e com ela surgem novas amizades em novos contextos. Aconteceu comigo, acontecerá com você e será sempre assim,.

Por outro lado, você pode ter ficado feliz com o rompimento do *cordão umbilical* com a convivência escolar, pois detestava as amizades nela. Qualquer razão que seja para ter formado esse sentimento, o que importa é aproveitar o máximo possível a nova fase, pois a vida universitária é repleta de possibilidades para criar novos círculos de amizade. Apesar do início ser meio estranho, em razão das diferenças de idades, o ambiente universitário é bem mais democrático e aberto culturalmente. Não há dúvidas que é um momento especial para criarmos laços mais estáveis e, por que não, encontrar os seus sócios ou mesmo iniciar uma família.

Na minha turma de faculdade nasceram casais, sociedades e grandes amizades cultivadas até os dias de hoje. Inclusive uma banda de rock nós montamos, a "Escravisaura Band", que seguiu se apresentando depois da formatura (tem vídeos no Youtube!). É claro que desavenças aconteceram durante o curso ou surgiram depois da formatura, mas faz parte da vida de todos, especialmente para nós, do Direito, que adoramos discordar ou argumentar. Portanto, as memórias são bem marcadas durante esse período acadêmico, pela carga emocional que as cerca, em especial quanto às novas experiências. Para quem iniciou a vida adulta na universidade, como eu, o amadurecimento nesse ambiente é repleto de fatos relevantes.

Então, não poderia existir um *manual de sobrevivência* sem se importar com o que se passa entre colegas e a relação aluno-professor durante o curso de Direito. Comparando ainda com o tempo de colégio, se a pauta mais séria era o "que serei quando crescer", o fato é que agora você cresceu, escolheu um curso superior e precisa lidar com isso. O futuro se tornou presente mais rápido do que se esperava e suas relações irão interferir mais do que antes. Mesmo que você já seja *crescidinho* há bastante tempo, a atenção deve ser a mesma quanto aos relacionamentos, pois todos os seus colegas e professores são potenciais parceiros, sócios, adversários ou colocados numa posição que possa ajudar ou prejudicar sua vida profissional.

Assim, como o futuro não nos pertence, o negócio é fazer (e manter) boas relações no presente. Além disso, sua passagem durante o curso será lembrada, pode acreditar! Já ouvi relatos de contratantes que ignoraram currículos de seus ex-alunos e ex-colegas em razão de como eram em sala de aula (e fora dela) durante a faculdade. Estende-se essa noção a todos os colegas, inclusive veteranos e calouros. Saiba que o "mundo jurídico" é menor do que você poderia prever e ele não dá voltas, mas piruetas! Por exemplo, conheço casos de grande constrangimento, como de colegas que sofriam de preconceito ou de ironia alheia, tornaram-se juízes ou promotores, e o destino fez questão de colocá-los frente a frente com seus antigos algozes. Portanto, antes de mais nada, respeito pelo próximo.

Alerto que os primeiros desafios de convivência serão os trabalhos em grupo. Não é por nada que a maioria não gosta de fazê-los. Diz-se que um ou dois fazem o trabalho e o resto só assina. Outra razão é quando todos querem mostrar atitude e as opiniões geram conflito ou mesmo quando há disputa de liderança. Nessas situações, dependendo do nível do estresse, é melhor procurar outro grupo e manter a relação do que perdê-la. Situações que precisam ser evitadas também são debates dentro das esferas política ou religiosa quando elas não são a pauta da reflexão. Como nessas áreas há muito mais emoção do que razão, você não vai ganhar pontos defendendo seu ponto de vista. Pior posicionamento ainda é debochar da bandeira que outro colega carrega, como não existissem outras além da sua.

Assim, construir uma rede de amizades na faculdade é uma forma não só de sobreviver às intempéries do tempo universitário, como também criar pontes para o futuro, pois, como diziam meus professores, "ter contatos" é o primeiro passo para a realização profissional. "Amigos de amigos", no mínimo, serão sempre "conhecidos" e eles poderão ser a chave que faltava para abrir uma ou outra porta. Sabe aquela ansiedade de início de semestre? Ela pode se dissipar caso você tenha amigos ou conhecidos que enfrentaram a mesma disciplina com o mesmo professor, por exemplo. Conseguir as provas anteriores, apesar da probabilidade de não serem repetidas, ajuda a entender a forma como a matéria é cobrada. Tenha certeza: é o melhor remédio para controlar suas dúvidas e tem alívio imediato.

Outra forma de contato são os centros ou diretórios acadêmicos do próprio curso ou uma *associação atlética*. Em tese, são ótimas oportunidades de alavancar novas amizades, desde que não estejam manchadas por boatos ou intrigas públicas e políticas. Desse modo, busque estar informado qual a situação dessas agremiações, antes de assinar qualquer ficha de participação. Destaca-se ainda a existência dos grupos de pesquisas. Praticamente em toda instituição de médio e grande porte possui pequenas comunidades vinculadas a alguma matéria específica, em geral capitaneadas por um professor responsável. É comum terem reuniões periódicas com a leitura ou estudos de casos, além da divisão da realização de pequenos trabalhos. Tem-se uma excelente oportunidade de conhecer melhor as áreas de seu interesse e gerar contatos, além das horas complementares, quando consideram.

Você já deve ter percebido que a vida universitária é rica em estender laços e abrir condições propícias para relações negociais e de amizade. Lembre que o Facebook nasceu dentro de um dormitório de um *campus* universitário. Portanto, esteja muito atento a esse período de desenvolvimento, pois o curso não se resume às notas ou à presença em sala de aula. Até é possível passar despercebido durante cinco anos, mas, de qualquer modo, poderá ainda ser lembrado, pejorativamente, como quem "não abria a boca para nada" ou até mesmo com arrogância, pois muitas vezes é confundida com a timidez. Então, se você tem dificuldades de relacionamento ou de mostrar sua individualidade numa multidão, uma dica é construir uma dupla ou trio, pois como já dizia aquele provérbio, "uma andorinha só não faz verão".

No entanto, não só acadêmicos embarcarão na sua jornada, como também professores e funcionários da faculdade. Lembre-se sempre que não há professor perfeito. Pode haver certas unanimidades entre os colegas, geralmente aqueles mais queridos e simpáticos, bem como acessíveis, que bebem uma cerveja com seus alunos, que facilitam mais nos exames, que não se importam com a chamada, que soltam mais cedo do horário previsto – em suma, os mais divertidos, aqueles que parecem mais com você. Enfim, há muitas razões para catalogar os "melhores". Mesmo assim, nem todo dia é possível estar "cem por cento". Como docente, sempre há dias que a última coisa que gostaria era estar junto com os alunos em sala de aula ou gravando vídeos. Então uma boa prática é exercer a paciência com seus professores.

Não há dúvidas que você não se simpatizará com muitos deles durante a faculdade e os seus motivos poderão ser dos mais diversos, desde os sapatos sem graxa até o modelo estranho do cabelo da professora, passando pela voz estridente ou de baixa sintonia e pelas aulas baseadas apenas na leitura de *slides*. Não esqueça que nós, professores, também fomos alunos e tínhamos nossas particularidades quanto aos nossos mestres que prendiam ou não a nossa atenção. Comparações serão inevitáveis, mas nem toda matéria é possível ser exposta da maneira que você deseja. Para ilustrar, os professores de Direito Penal usam e abusam de exemplos tirados das *páginas policiais* para reforçar o aprendizado, sem contar da graça dos casos mais pitorescos. O mesmo não é possível para tantas outras, quando é abordada uma lei sem muitos exemplos didáticos.

É claro que o corpo docente não é homogêneo como se poderia desejar; mas é justamente essa diversidade que constrói um curso de qualidade. Você terá professores com as mais diversas experiências e profissões, ou mesmo aqueles dedicados apenas à vida acadêmica. Os títulos de formação são importantes, como mestrado, doutorado ou pós-doutorado, mas não validam, necessariamente, a qualidade do professor, nem mesmo a carreira jurídica escolhida pelo mesmo. Haverá professores muito experientes e outros nem tanto em sala de aula, o que ao final das contas também é relativo, quando ambos entregam o conteúdo da forma que você compreende perfeitamente.

Como você sabe, o Direito é uma ciência e ela desperta opiniões divergentes sobre a sua produção científica. Desse modo, não são todas as vezes que o professor tem a razão quando for opinativo, bem como podem surgir equívocos na sua exposição ou esquecimento. Como se escreveu antes, a premissa é que todo professor é imperfeito por natureza. Caso você tenha mais experiência prática no assunto ou acabou de estudar sobre ele, e está ciente de que "algo não fecha" com o que está sendo exposto, prefira perguntar se o problema não pode ser visto de outra maneira a defender "com unhas e dentes" que ele está completamente errado para mostrar superioridade. Ser respeitoso com o seu mestre é um ato digno a ser lembrado no futuro por ele, pode acreditar!

A *arte* da convivência na faculdade não está completa sem observar o tratamento dispensado aos funcionários da instituição. Para ilustrar, agir com simpatia e demonstrar interesse com a bibliotecária poderá ser útil quando você precisar daquele livro que está sempre em outras mãos. As atendentes, o pessoal da limpeza, do bar que você busca o café na hora do "recreio", também lhe acompanharão até os últimos dias do curso. Pode ter certeza: todos eles estarão presentes na sua memória afetiva do tempo universitário que você vivenciou, seja por calorosos "bom dia" e "boa noite", seja pela dedicação que tornaram sua jornada mais prazerosa e estável.

A parte "ruim" do curso: notas, provas, trabalhos, apresentações e chamada

08

É natural que a preocupação inicial de "será que vou aprender" se transforme em "será que vou passar" durante a trajetória do curso. Ficamos mais atentos às regras do jogo do que a diversão que ele proporciona. Uma parcela da culpa acaba sendo dos próprios professores, que *enfeitam* um pouco suas avaliações. Alguns gostam de ser rotulados como "carrascos" ou de terem as provas mais difíceis da faculdade. É uma ideia simples de afirmar a relação de mestre e aprendiz. Outros preferem criar uma tensão desde o primeiro dia, para que seus alunos não caiam na dispersão dos *smartphones* que carregam a vida fora das quatro paredes da sala de aula.

Outra ideia da supervalorização das provas, é que as notas representam *status* entre os colegas. Para aqueles que só transitam entre *nove* e *dez*, seu desempenho é o cartão de visitas. Já para quem tem dificuldade de manter a média, a estratégia é desconversar sobre seus resultados. Nem todos têm essa visão competitiva, mas atire a primeira pedra aquele que nunca ficou com vontade de compartilhar nas redes sociais ou emoldurar a sua prova com um "10" bem vistoso, ainda mais se vem com um "parabéns" de bônus. Então, não carregue a culpa em desejar festejar as suas notas altas com os colegas, pois, ao menos, representam que seus estudos estão sendo recompensados. Por outro lado, não alimente um sentimento de desmerecimento dos resultados positivos, o que os psicólogos chamam de *síndrome do impostor*. Se a nota é ótima, é porque você fez por merecer!

Atente-se que o mundo do Direito é bastante competitivo, portanto, alcançar títulos acadêmicos, publicar artigos científicos em revistas respeitáveis, escrever livros jurídicos para editoras, conquistar premiações, aparecer na mídia opinando sobre sua especialidade, proferir palestras em eventos, ter uma representatividade em associações ou na OAB, valem mais que qualquer cartão de visita vistoso. Então, a concorrência inicia desde os corredores do curso. Mas tenha certeza, há *lugar ao sol* para todos. A diferença está que alguns se destacam mais do que outros, ou levam menos tempo para alcançar o que desejam.

É importante lembrar que suas notas serão avaliadas depois da sua formatura caso seu desejo seja seguir a vida acadêmica, pois grande parte das seleções para mestrado e doutorado exige uma análise sobre seu histórico. Seleções para estágio e para vagas em determinados escritórios também se importam com suas notas na faculdade. Então, não caia na simples conversa de alguns que julgam que as notas são o que menos importam. Elas devem estar no seu radar, mas não pode ser o único alvo. É comum chegar à conclusão, diante de fracassos nas provas, que se tinha o domínio da matéria, mas por qualquer outra razão, houve distração ou o famoso "branco" por nervosismo. Por isso, a nota de um exame pode ser relativizada, caso você tenha consciência de que estudou e sabia do conteúdo.

Por essas razões, as notas das avaliações exigem cautela, visto que são importantes, mas não devem ser a única motivação a ponto de sabotar o sentido do aprendizado. Pergunta-se: você estuda para aprender ou para passar na prova? O ideal seria que o foco fosse sempre no aprendizado, cujo resultado seria refletido nas notas como consequência da dedicação. Porém, é possível que você não ache importância na matéria ou não goste dela ou do próprio ministrante, o que será decisivo para aprender apenas a passar na prova. Para tanto, muitos se utilizam de atalhos, como provas anteriores aplicadas pelo mesmo professor, por exemplo, ou descobrem qual o principal livro que ele consulta.

Uma outra parte "ruim" da vida universitária são os trabalhos, seja em grupo, seja individual. Quando o trabalho é em dupla, fica muito mais fácil gerenciar, pois você acaba fechando com o "BBF" (*best friend forever*) da turma. Porém, quando é exigido mais integrantes, muitas vezes o *ruim* passa para *pior*. Imagine-se numa turma que não conhece ninguém! Eu já passei por isso e ficava aflito em me colocar em qualquer grupo. Outra situação de grande ansiedade era quando faltava uma aula e, justamente nesse dia, o professor criava um trabalho em grupo. O medo era acabar no grupo dos descompromissados, onde sempre tinha vaga para mais um.

Não é para menos, a falta de compromisso individual ou coletivo é da maior gravidade e fonte de inimizades entre os colegas. Sinceramente, nem sei o porquê de ainda chamarem "trabalho de grupo", pois ele é fatiado pelo número de integrantes e cada um faz do seu jeito, sendo reunido pelo escolhido como "relator" para juntar as peças do quebra-cabeça. Às vezes, há integrantes que ficam responsáveis apenas pela apresentação para turma, enquanto outros apenas "enfeitarão" a capa do trabalho, pois não fizeram nada e você não quer se indispor.

Caso haja receio de futuro estresse com os colegas que não levarão tão a sério o trabalho, a dica é assumir as atividades relevantes para o projeto ou o compromisso de fechá-lo, pois terá a certeza que a última revisão será sua. Assim, vale a pena alguns sacrifícios em nome do coleguismo? Não, mas da sua saúde mental. Importa se preparar também para possíveis enfrentamentos opinativos ou discussões que extrapolem o objetivo do trabalho, especialmente quando política e religião entram na pauta. Esse é o melhor momento para pedir licença, porque o "banheiro lhe chama".

Agora, imagine que este trabalho em grupo ainda precisa ser apresentado para o restante da turma e você "morre" de timidez... *Don't panic*! É muito raro algum professor exigir que não seja feito consultas, pois, na maioria das apresentações, os alunos usam anotações ou leem textos auxiliares. Sendo assim, não é preciso decorar ou inventar uma performance que irá marcar seus dois ou três minutos de *fama*. Dependendo do tamanho do grupo ou das quantidades de grupos, as apresentações serão mais rápidas do que se imagina, mesmo que se pareça uma eternidade à frente dos colegas.

Outra boa notícia é que a desinibição vem com o hábito de apresentar trabalhos ou de se manifestar em sala de aula, pois sabe-se que até levantar o braço para interromper o professor é um grande desafio para os alunos tímidos ou para aqueles que acham que serão julgados pelo "tipo" de pergunta. Lembre-se que a graduação é uma jornada para o conhecimento, então, nunca uma dúvida tem o potencial de ridicularizar alguém. Para o educador, jamais! Os professores gostam de ministrar aulas para turmas participativas, e que seus alunos debatam, perguntem e não levem dúvidas para casa pelo receio de ofender seus mestres com a ignorância natural de aprendizes.

Uma aula em que apenas a voz do professor ecoa em sala, torna-se muito monótona e pobre, visto que é com os questionamentos dos alunos que se fixa melhor o conteúdo – a dúvida de um pode salvar a de muitos outros. A interrupção por uma pergunta ajuda também a acordar a turma quando o assunto ou a explanação é maçante. Uma boa aula é quando há duas vias, uma que vem do professor e outra que vai pelo aluno, pois se espera uma via de mão única apenas numa palestra, cuja didática é diferente.

O curso presencial traz essa mágica da participação coletiva, como acontece no mestrado e doutorado, estes ricos em seminários e na intervenção instantânea dos colegas. Muitos apontam que a falta de interação é a razão pela qual não gostam das videoaulas, por desconfiarem de uma experiência mais limitada e menos pessoal. Por outro lado, as aulas on-line trazem vantagens interessantes, como a comodidade e o conforto de assistir onde quiser. Cabe a adaptação para esse formato, pois ele é cada vez mais comum nos cursos de pós-graduações e de extensão, como eventos à distância pela internet e as frequentes *lives* pelas redes sociais e aplicativos de comunicação. Coloque seus fones de ouvido e boa programação!

As horas complementares representam outra obrigação que boa parte dos aluno torce o nariz. A maioria se sente "injustiçado", porque além da presença obrigatória em sala de aula, de alcançar a média com as notas, de fazer trabalhos com colegas que não conhece, de se expor na frente da turma, é preciso que se realize atividades fora da faculdade e muitas delas pagas. Portanto, não basta acumular presença e notas boas, é preciso cumprir agenda em outros ambientes. A sugestão é não deixar muito para depois, pois a faculdade é que nem um *game*, cada fase fica mais difícil de superar.

Assim, verifique no regulamento do seu curso quais atividades podem conceder as horas que você precisa. Em geral, eventos jurídicos, como congressos e simpósios, têm validade e são uma ótima opção até para conhecer juristas famosos e novas cidades, unindo o turismo com o aprendizado. Por exemplo, as horas complementares foram uma ótima "desculpa" para viajar com os meus colegas de aula para a Jornada Internacional de Direito em Gramado/RS, um evento que reúne mais mil acadêmicos de todo o país na serra gaúcha. O mais incrível foi que na sua 17ª edição eu já era um dos seus palestrantes! *"Dreams come true"*.

As disciplinas optativas também são um convite para preocupação de muitos acadêmicos, por acharem que a faculdade tinha a obrigação de entregar o "prato servido", sem a necessidade de se levantar até o *buffet* para escolher. O fato é que as optativas são aquelas ofertadas, além das obrigatórias, que servem para completar os créditos exigidos para formatura. O aluno não precisa escolher todas, mas apenas o mínimo e que sirvam para direcionar a sua formação. Elas são, em geral, matérias novas, especializadas ou não tão comuns. Assim, sugere-se que desde o início do curso se tenha uma noção de quais são ofertadas, pois nem sempre fecham turma ou são oferecidas em todos os semestres letivos.

Marcelo? Presente! Há outras formas de responder a chamada, mas ela importa muito na sua jornada na graduação. É como estar num trem e precisar validar a passagem todos os dias durante a viagem. No entanto, é comum os alunos reclamarem que não estão mais no colégio para responder "presente". Argumentam que se a pessoa está na faculdade é porque ela está compromissada com sua escolha, ao contrário da escola, cuja obrigatoriedade de estar matriculado é inclusive constitucional. Mas há um percentual mínimo de presença cobrado pelo MEC e ele deve ser respeitado pelas instituições, mesmo que alguns professores não se importem tanto. Nunca impliquei com aluno por diferenças mínimas de ausências em relação às regras, mas já reprovei por faltas alunos que nunca estiveram em sala.

Não tenho dúvidas que muitos dos alunos estão apenas de "corpo presente" na sala pela chamada; isso aconteceu comigo e acontecerá com você, pois a nossa atenção está acostumada a focar em coisas prazerosas, mas será um retrabalho estudar em casa porque o assunto da aula se perdeu entre outros pensamentos. O tempo é o que temos mais de precioso e único. Por isso, não acompanhar a aula só traz prejuízo para você, que precisará compensar o "tempo perdido" da sala em outro momento que poderia estar fazendo qualquer coisa mais bacana, como ler *este* livro. ;)

Há uma fórmula para estudar melhor?

09

Sabemos que o *fantasma* da reprovação transita nos corredores não só na faculdade de Direito como em todos cursos. Para quem estuda com *bolsa estudantil* ou com grandes esforços financeiros próprios ou de familiares, não quer, de modo algum, repetir alguma disciplina. Já conheci alunos que vendiam doces entre os colegas para pagar o curso ou se "viravam" nas mais diversas atividades informais para manter os boletos quitados. Mesmo aqueles que têm condições satisfatórias de manter a sua graduação financeiramente em dia, não esperam ser reprovados, como também quem estuda em universidade pública. Ninguém deseja reprovar, exceto os masoquistas em repetir o semestre.

Poderia cair na cilada de logo afirmar que existe uma única fórmula mágica para espantar todos os males do mundo que implicam as avaliações e provas, mas a experiência me ensinou que para toda dor há tantos remédios disponíveis e todos eles servem de algum modo para ajudar. Por exemplo, talvez a dica "senta a bunda na cadeira e estuda" funcione para alguns, mas para outros, é perda de tempo, em razão de tantas distrações que existem. Escrevi sobre métodos, modelos e técnicas de estudos, de forma mais detalhada, no meu livro *Poder da Aprovação*, por se tratar de uma obra cuja missão é aprovar no Exame da OAB e concursos públicos. Assim, caso necessite de mais ajuda, recomendo a sua leitura.

Primeiramente, você precisa desfazer a máxima que "estudar é chato", tão popular entre os estudantes. Para um aluno colegial, tal afirmação parece uma sentença de prisão perpétua com os livros e as aulas. De um universitário, é pena de morte mesmo. Ocorre que ao se manter essa fixação, a profecia se tornará autorrealizável e a vida será uma grande *chatice*, pois estudar é um verbo como respirar, comer e dormir, ou seja, para sempre! É provável que você tenha colegas de todas as idades, inclusive aposentados matriculados, visto que tiveram a oportunidade de realizar seu sonho de cursar Direito somente agora. Se você é um deles, parabéns, que sirva de exemplo sua atitude para os mais jovens. Portanto, estudar deve ser encarado como algo prazeroso, um hábito de vida, motivado pela a curiosidade permanente. Se há alguma coisa que nunca irão tirar de você será os seus estudos.

Então desfaça a generalização de que não está valendo a pena os esforços, caso seja esta a situação atual, porque uma coisa é certa: você não vai gostar de todas as disciplinas, nem de todos professores. Ademais, nem todo dia será um *bom dia* para aprender. Se você souber identificar isso, já saberá a reconhecer quando será inútil abrir o *vade mecum* ou mantê-lo aberto, porque o conteúdo vai se perder no trânsito caótico de pensamentos e nem mesmo o melhor método de estudos servirá de GPS para alcançar o destino. Portanto, atente-se aos sinais de grande distração e se mesmo depois de encontrar o foco, a leitura ou as videoaulas "perdem conexão", é melhor parar e relaxar antes de retomar os estudos.

Veja que a concentração constitui a chave para o aprendizado e a solidificação do conhecimento. Não é por acaso que a maior reclamação entre os estudantes é justamente a falta de concentração. Em razão disso, a partir da minha experiência em preparação para provas e exames desde início de 2006, percebi que não basta mais saber apenas o "melhor" método de estudos, mas é preciso aprender a lidar com uma parte emocional ou psicológica, pois ela interfere muito no aprendizado. Assim, são lados indissociáveis da mesma moeda, para qualquer tipo de preparação, seja para provas, seja para a vida, o "lado pedagógico" e o "lado psicológico".

Exemplifico. Você irá fazer uma entrevista para estágio. Precisará saber como se faz um currículo bonito, como se vestirá para o evento e o jeito de se portar diante do entrevistador, talvez até ensaiar algumas respostas antes. Esse é o lado pedagógico. No entanto, o nervosismo, a ansiedade e o medo podem lhe tirar a vaga. Esse é o lado psicológico. Portanto, não basta apenas cuidar de um lado só, é preciso ambos para alcançar o sucesso. Veja que muita gente estuda além da conta, sabe toda a matéria e talvez seja o seu caso. Porém, na hora da prova tudo se perde em respostas nervosas e erradas. Mais uma vez, um lado só cooperou e o outro, adormeceu.

Despertar para essa realidade, cujo processo de aprendizagem exige a atenção para dois lados é tirar o "coelho da cartola" para que a mágica aconteça nos métodos de estudos conhecidos. É a resposta para muitos que não sabem mais o que fazer diante de notas baixas ou reprovações depois de testarem tudo o que estava à disposição. A parte emocional não está só envolvida com o estresse de véspera da prova, mas durante toda a preparação e resulta na falta de foco ou de concentração. Geralmente ela é definida pelo aluno como "algo que atrapalha os estudos, mas não sei o que é".

É bom lembrar que a mesma cabeça que aprende é a que tira a concentração de forma simultânea. Parece uma "guerra" interna: uma parte deseja aprender controle de constitucionalidade, enquanto a outra está pensando no que fazer no final de semana. Os budistas até tem um nome para isso, "mente de macaco". Sabe aqueles pensamentos agitados, acelerados e fora de controle, quando você pensa várias coisas ao mesmo tempo, num diálogo interno em que cada assunto quer gritar mais alto do que o outro? Pois então, é isso! Logo quando você decide estudar título de crédito, parte de você envia outras sugestões como "quem sabe arrumo as gavetas das meias?" ou "a geladeira está me chamando". Ou dúvidas existenciais surgem – "será que vou morrer virgem?" ou "onde serão as minhas férias?".

Para acalmar esse "macaco", que não para de pular entre os galhos mentais, sugere-se meditação e a prática de *mindfulness* ou atenção plena, como técnicas propícias para alcançar a paz necessária para iniciar ou manter os estudos. Sugiro algo bem simples, que você pode experimentar agora. Feche os olhos, sinta a respiração, o peso do seu corpo sentado na cadeira, feche o punho da mão e aperte-a fortemente, segurando por uns instantes, e solte. Um leve formigamento deverá aparecer. Sentir-se no presente é a forma de amenizar a ansiedade. Um banho em silêncio, percebendo a água escorrendo pelo corpo e as sensações que ele proporciona também ajudam.

Uma sugestão para não ficar ruminando sobre o futuro e seus compromissos é a "Matriz de Eisenhower". Dwight D. Eisenhower foi um presidente estadunidense que utilizou como método para diligenciar os compromissos um esquema que divide o que é ou não é importante ou urgente. Assim, se for importante e urgente, como uma dor de dente, latejante e contínua, pare seus estudos e vá resolver logo. Agora, se for urgente, mas não importante, como lavar a pilha de louça, ou se não for urgente, como arrumar a gaveta de meias, tenha certeza que haverá tempo para resolver essas pendências depois de ter estudado.

Aprender a dessensibilizar suas próprias exigências de sucesso contínuo e da pressão psicológica que sofre dos outros também é uma forma de evitar carregar um peso desnecessário sobre os ombros a cada ocasião que você estuda. Percebe-se que muitos se cobram de forma exagerada a cada avaliação, pois não admitem qualquer erro ou fracasso. Eles têm a tendência de acreditar que o resultado final poderá ser comprometido em razão de uma ou outra nota baixa. Estudar sob essa vigilância severa realmente interfere na qualidade do aprendizado, visto que erros servem como lição também. Por outro lado, as pressões familiares, em especial, podem tornar os estudos reféns de ameaças. Nessas situações, o melhor caminho pode ser o diálogo ou aprender a ignorar as ameaças, em última instância. Conquistar a estabilidade emocional é essencial para uma preparação eficiente.

Lembre-se ainda que uma vida sedentária interfere no aprendizado. Viver sem qualquer atividade física, alimentando-se de forma precária e com poucas horas de sono prejudicam a saúde e, consequentemente, todo o resto. *"Mens sana in corpore sano"*, em latim, "mente sã num corpo são", traz essa ideia de equilíbrio entre mente e corpo. Se é "impossível", no momento, matricular-se numa academia ou tirar um tempo para exercícios físicos, mude pequenas coisas na sua rotina, como substituir o elevador pela escala, e optar por caminhadas nos seus trajetos. Adverte-se que é muito comum a indicação indiscriminada do uso de medicamentos que prometem aumentar o rendimento ou a atenção. Caso sinta necessidade, procure um médico, pois os efeitos colaterais são prejudiciais se não ministrados corretamente.

É importante também escolher um local adequado para estudar, visto que interfere muito na fixação do conteúdo. Assim, locais muito confortáveis, por exemplo, um sofá ou uma rede, são um convite para outras atividades, como dormir ou se distrair com outras coisas. Se você tem dificuldades com o barulho ou interrupções indesejadas, a biblioteca da faculdade sempre é um lugar propício para estudar e consultar materiais que você não tem. Outra opção é estudar no horário em que todos estão dormindo, seja avançando a noite, seja acordando mais cedo. O fato é que se você quiser, você consegue! Você tem a escolha de acreditar que "ninguém me deixa estudar" ou "não tenho lugar para estudar", mas não adiantará em nada, não é?

Muita gente pergunta se estudar apenas com o que é ministrado em sala de aula é o suficiente. Porém, devolvo sempre com a mesma pergunta: *suficiente para quê?* Se é para apenas alcançar uma aprovação, pode ser que seja suficiente, mas dependerá se o professor cobra apenas o que está no quadro ou nos *slides*. Nesses casos, importa anotar tudo, destacar os artigos comentados no *vade mecum* e qualquer coisa antes ou depois quando diz "isso vai cair na prova". Agora, se é suficiente para definir o seu conhecimento sobre a matéria ministrada, lamento informar, é preciso muito mais do que seu professor trouxe para sala de aula. Sua curiosidade irá lhe guiar pelos caminhos abertos pelo docente e por tantos outros desconhecidos que os livros indicarão. Aprender é descobrir e não há descoberta limitada, pois uma puxa a outra, e assim sucessivamente.

Por fim, para aqueles que precisam conhecer outras técnicas de estudo além da leitura, que é a mais comum, entende-se que grifar é uma delas, destacando o que é importante. Só não grife os livros e os *vades* da biblioteca! Fazer resumos também é uma prática popular e facilita a traduzir conceitos difíceis com as próprias palavras, além de fixar o conteúdo. Mapas mentais ou esquemas funcionam bastante para quem aprende mais com os recursos visuais. Do mesmo modo, fazê-los influencia na solidificação da matéria. Mnemônicos é outra técnica para quem prefere decorar. Por exemplo, para os princípios da administração pública, usa-se o famoso "LIMPE": legalidade, impessoalidade, moralidade, publicidade e eficiência. Por fim, resolver questões de concursos ou da OAB do tema objeto da prova tem ótima utilidade, pois une a prática e a teoria.

Como você deve ter percebido, ao final, de algum modo foi apresentada *uma fórmula* para estudar melhor. Qual seja? Enxergar para dentro de você e para aquilo que lhe cerca. Estar atento com a sua saúde mental e física é condição para iniciar ou continuar os seus estudos. Por outro lado, não basta estar cheio de animação para estudar, se não sabe por onde começar ou como fazer. Dessa forma, levar os dois lados de forma equilibrada e estável é o melhor que você pode fazer na sua vida num todo. Haverá momentos que você sairá da rota desejada, mas não se deixe abalar, se tiver em mente uma moeda [e os seus dois lados] como um ótimo GPS!

A metamorfose jurídica na vida do aluno de Direito

10

Quando estava no último ano do colégio, lembro de conviver com aqueles que tinham recentemente ingressado na faculdade de Direito e ficava intrigado com a mudança rápida que tinha ocorrido com eles. À primeira vista, o modo de vestir. Depois, o vocabulário e o jeito de se expressar. Assuntos triviais foram substituídos por debates acalorados sobre temas que ouvia os meus pais comentando. Quando chegou a minha vez na universidade, fui pego pela transformação. É bem verdade que nem toda experiência na graduação é idêntica; no entanto, não se pode negar que há uma "*metamorfose jurídica*" na vida do aluno de Direito, mesmo que no futuro ele resolva *voar* para outras bandas.

Metamorfose vem do grego *metabolé*, que é mudança. A mais lembrada, no reino animal, é da lagarta que se transforma em borboleta. Segundo os dicionários, é uma alteração completa na natureza ou estrutura de alguém, no modo de pensar, no caráter e na própria personalidade da pessoa. Ninguém sai da faculdade de Direito sem uma legítima metamorfose e, nesse instante, dependendo da fase avançada do curso, você pode estar mais perto de completá-la. Também independe da idade que se ingressa ou mesmo se tem outro curso superior concluído. O fato é que os efeitos são perceptíveis desde o primeiro ano, basta olhar o guarda-roupa e encontrará peças que eram impensáveis antes de ingressar no curso.

Apesar de o início da faculdade parecer um pouco frustrante para alguns, por não aprender logo "a processar todo mundo", já é o suficiente para entender que o aprendizado não se resume a disciplinas e matérias, mas a todo o contexto universitário. Em primeiro lugar, os professores tratam os seus alunos como adultos, independente da aparência juvenil. Em razão disso, esperam um tratamento recíproco, o que eleva o nível de conversação. Em segundo, a relação entre os colegas também sofre um *upgrade*, pois será comum você sentar ao lado de quem poderia ser seus pais ou seus filhos, no entanto, sem qualquer relação familiar. Essas diferenças intergeracionais é um convite para aprender e refletir também. E, por fim, as responsabilidades e exigências acadêmicas, que estão em outro patamar.

Observa-se ainda que desde o primeiro semestre o aluno de Direito já começa a ensaiar uma performance de "veterano"; basta circular nas áreas de convivência ou bares da universidade. Não é difícil identificar um grupo ou mesa de acadêmicos do curso se chamando de "doutores" ou divagando sobre o que é ou não é justo. Falar sobre séries e filmes que retratam o modo de vida que eles se espelham, mesmo que sejam produções importadas, também entram na pauta. O próprio vocabulário se torna mais refinado quando estão reunidos e os pronomes pessoais passam a ter importância, bem como a conjugação dos verbos no tempo correto. A sensação é que os alunos redescobrem a língua portuguesa como Pedro Álvares Cabral redescobrisse o Brasil no Século XXI. E se há algo que nós, operadores do Direito, temos orgulho, é do "juridiquês".

O *juridiquês* é uma linguagem própria que vai sendo aprendida e repetida, habitualmente, durante o curso que escolhemos. No início, a diversão é praticá-la entre pessoas leigas para brilhar sabedoria e conhecimento, pois há um forte risco de elas não compreenderem muita coisa que está sendo referida. Pelo fato de ser uma linguagem técnica, carregada de simbolismos, expressões especializadas, além do uso de termos em *latim*, o *juridiquês* é uma característica inata no aprendizado do Direito. Há quem deseje a sua abolição, por complicar demais o seu alcance, mas *data venia*, ela está enraizada na cultura jurídica como seu idioma particular para autoproteção.

A autoproteção talvez seja uma das principais qualidades que podemos despertar durante a formação. A segurança de que podemos proteger de ameaças e riscos os nossos direitos, mesmo que sejam violados, é incalculável. Não significa que não seremos mais passados para trás, mas, sendo o caso, você terá uma boa noção do que pode ser remediado ou defendido. Pense no médico que percebe quando alguns sintomas lhe ocorrem e precisa agir para se automedicar ou pedir ajuda a um colega especialista. É o que acontece conosco, operadores do Direito.

Refiro-me muito ao nosso curso como uma jornada de descobertas, repleta de emoções, surpresas e muito aprendizado, cujo destino final esperado é a colação de grau. É o que espera um montanhista quando está no sopé da sua montanha, observando o topo e todas as dificuldades que lhe esperam, mas também todas as alegrias que desfrutará com a escalada. Mesmo o experiente, que já escalou diversas outras, tem a convicção que os desafios o tornarão uma pessoa diferente depois de colocar a bandeira no cume. Você pode escorregar numa pedra ou noutra, mas se as cordas de segurança forem sendo bem fixadas desde o início, não há com que se preocupar com a retomada da subida.

Além do vocabulário, o raciocínio jurídico é outra mudança que ocorre durante a metamorfose. Você passará a avaliar, pensar e julgar os fatos e a opinião de terceiros por outras lentes. Se antes de entrarmos na faculdade, a nossa opinião – se tínhamos alguma – era resumida a ser contra ou a favor, com o Direito ela será embasada. Pense em dois temas polêmicos, como o aborto e a menoridade criminal. Provavelmente, sua ideia a respeito já outros alicerces: princípios, legislação, doutrina ou jurisprudência. Ademais, todos nós aprendemos que as respostas não se resumem mais a certo/errado, mas a "depende", mesmo que os professores esperem que apenas uma alternativa seja marcada numa prova objetiva. Claro, "toda regra traz alguma exceção".

Veja que até o direito fundamental à vida traz uma exceção – da pena de morte em caso de guerra declarada. Está lá na Constituição Federal. Nesse sentido, uma das minhas frases favoritas para provocar é "não é bem assim" e aprendi ainda na faculdade. Também é uma forma de *autodefesa da honra*. Explico. Quando sabem que você está cursando Direito, as diretas (e indiretas) serão comuns. Por exemplo. "Você que está fazendo Direito, me diz aí..., não é?". Daí a minha frase de autodefesa como resposta somada com o "STF já decidiu diferente", mesmo que você não tenha a mínima ideia do que estejam falando. Você pode ainda se socorrer com "tem doutrinadores que pensam diferente". E, caso pedirem fontes, pode dizer "procure você no Google" e mude de assunto. Recursos que se aprende e, como estudantes de Direito, tem-se tal garantia de veracidade.

Mesmo meus amigos e conhecidos que abandonaram a carreira jurídica depois de formados, para seguir outros caminhos, não se arrependem da sua formação em Direito. Afirmam que o curso ajudou na autoconfiança para tocar seus novos projetos. O conhecimento abrangente e interdisciplinar contribui para um saldo positivo da experiência universitária. O respeito por alguém que *fez* Direito não distingue o alcance que a pessoa levou os seus ensinamentos. Meu pai sempre me disse que o "aprendizado não se perde". Acrescento que ele pode ficar adormecido pela falta de uso, pois casos não faltam de alguém que ficou por anos sem tocar num livro jurídico e depois retoma os estudos e logo é aprovado num concurso público.

Você pode me perguntar se essa metamorfose é bonita. Respondo prontamente que "depende". Para quem acompanha você, com certeza, será. Agora, para você, nem tanto. Internamente, ela virá como um passeio de montanha-russa, com muitos altos e baixos, mas ao final você sairá mais forte, resistente e resiliente. Se fosse fácil, a conquista não seria tão comemorada, não é? O grande poeta Raul Seixas já cantava que *"É chato chegar a um objetivo num instante, Eu quero viver nessa metamorfose ambulante"*. É um ciclo evolutivo importante e necessário. Saiba que a metamorfose das borboletas não é instantânea; ela ocorre em quatro fases distintas e com grandes períodos de transformações.

Permita-lhe ainda dizer para não comparar a sua metamorfose com as dos seus colegas, porque cada um tem o seu próprio tempo para se transformar e a sua própria régua para se medir. Você conhecerá, durante a sua jornada, colegas que aguardam a mudança somente quando chegarem ao destino, que ele será decisivo para tanto. Assim, esperam passivos por apenas um dia, sendo que todos os outros anteriores eram a razão da mudança. É como se um botão estivesse aguardando para ser apertado e a cortina abrisse para uma nova pessoa no dia da formatura. Não duvido que a diplomação seja relevante, mas grandes transformações acontecem de dentro para fora, e não ao contrário. Há uma frase, de autoria incerta, que resume o que penso: *"o que não te desafia, não te transforma"*.

Assim, você responde exclusivamente por essa transformação. Muitos poderão dizer que o ambiente que o cerca será o agente das mudanças, mas como explicar que seus colegas também assistiram às mesmas aulas, com os mesmos professores, foram submetidos às mesmas avaliações e, no entanto, tiveram trajetórias distintas? Então, nada mais justo depender de você os seus acertos e erros. A sabedoria, a partir da avaliação das suas reflexões, é que contará para iluminar os caminhos escolhidos e superar as dificuldades. Paulo Coelho, grande parceiro de Seixas, escreveu certa vez que o "conhecimento sem transformação não é sabedoria".

Pássaros têm asas, pessoas têm livros

11

Provavelmente você já escutou a promessa que beber determinado energético poderia lhe dar *asas* – de modo figurativo, é claro. Então, o título deste capítulo é uma provocação a partir de uma lição popular de autoria incerta. Ela reflete não só o meu trabalho como escritor, mas o que nós, como professores, acreditamos e defendemos. O poeta já escreveu que "Nada evolui engaiolado. Abra um livro e sua cabeça. Liberte suas ideias. Deixe o mundo entrar" (G. Lacombe). Assim, os livros são a última resistência à ignorância, um convite às descobertas e às conquistas que nos esperam. São as asas da imaginação, do conhecimento e da liberdade. Se um aluno de Direito ainda ignora que pode voar, está na hora de se aventurar nas lindas paisagens bibliográficas do seu curso.

Infelizmente, este capítulo só existe porque grande parte dos universitários não gosta de ler. Não perderia tempo, incentivando a leitura, se ela fosse considerada fonte de aprendizado e lazer para a maioria das pessoas. De fato, pesquisas indicam que 30% da população brasileira nunca comprou um livro e quase metade dela simplesmente não lê. Grandes livrarias sofrem, pequenas fecham e editoras desaparecem. Você sabia que até pouco tempo atrás havia mais municípios com videolocadoras abertas do que com livrarias, mesmo diante das plataformas atuais de *streaming*? O mercado editorial vem encolhendo em toda a sua cadeia produtiva e, segundo os especialistas, a crise do livro no país é crônica.

Alguns alunos justificam que leem apenas o necessário, porque os "livros são ultrapassados" ou "obsoletos". Se considerar apenas a idade que os livros têm, pode ser que sejam centenários, pois de acordo com os historiadores, as primeiras publicações impressas são datadas dos anos de 1400, pelas mãos de Gutenberg, o inventor da imprensa. Por outro lado, qual outra invenção humana com esta idade que se sinta tão jovem entre as tecnologias atuais e os *gadgets* mais recentes? Se você observar com atenção, a cada dia os livros são mais bonitos e com melhor produção, além da interatividade que muitos trazem. O *e-book* e os audiolivros são exemplos que os livros oferecem formas diferentes de serem consumidos.

Outras pessoas contestam o custo-benefício dos livros, porque seriam "caros". A ignorância é cara; aliás, ela tem um preço exorbitante! Imagine deixar de fechar um grande contrato advocatício porque o cliente percebeu que você não estava preparado para a causa? Agora suponha perder o cargo público por total ineficiência ou nem ser aprovado, pois tinha candidatos melhores? A verdade é que o reajuste do preço dos livros, em geral, mantém-se abaixo da inflação, apesar do grande prejuízo que a pirataria causa. Ademais, o mercado editorial vive de grandes promoções, visto que a concorrência é muito acirrada. Veja que grande parte das editoras tem canal direto de compra com preços mais competitivos. Há também os "sebos" que são uma ótima opção para investir em livros usados, com preços bem inferiores para obras com pouco uso.

Tudo é uma questão entre "preço" e "valor". Lembro de pegar um elevador numa faculdade de Direito para uma apresentação e notar que uma menina carregava num braço uma vistosa bolsa de grife internacional e noutro, um *vade mecum* com uns três anos de defasagem. Mesmo que a bolsa pudesse ser falsa, o que importava para ela era a representação de uma grife famosa e não um *vade* atualizado.

Nesse sentido, muita gente não pensa duas vezes em gastar numa festa de final de semana, mas reclama do *preço* do livro que foi recomendado pelo professor para usar durante todo um semestre e que estará à sua disposição na própria biblioteca. Sem dúvida alguma, preço e valor não são a mesma coisa. Livros são investimentos seguros e rentáveis, sem riscos de perder a aplicação.

Frequentar a biblioteca da sua instituição é também uma solução e, caso a considere com poucas opções, visite aquelas que permitem o ingresso de não matriculados. Atualmente, as universidades estão implementando bibliotecas *virtuais* para que todos os alunos tenham acesso aos títulos sem a preocupação da disponibilidade ou com prazos de devolução, pois podem consultá-los de qualquer lugar e horário. Escritórios de advocacia de médio e grande porte e as instituições públicas mantém bibliotecas com ótimo acervo, mais um motivo para você optar por um estágio, mesmo que não seja remunerado. A rede de amizades na faculdade e o círculo de conhecidos ajudam também a fomentar a leitura, pois emprestar livros é uma forma não só de aprendizagem como de estender laços vinculados à ajuda mútua com os mesmos objetivos.

Tem muita gente ainda que reclama que a leitura é "cansativa", "dói os olhos" ou "dá muito sono". Por outro lado, não se importam em virar madrugadas em legítimas maratonas para assistir a temporada completa de uma série televisiva ou passar horas nas redes sociais com o *smartphone* na mão. Para aqueles que dormem com os livros no colo, descobre-se que buscam locais muito confortáveis para leitura, como numa rede, na cama ou deitados no sofá, o que é um erro. Outros deixam para ler somente antes de dormir, pois seria o único momento para estudar. De fato, não é a melhor hora em virtude do próprio cansaço. Assim, se possível, é indicado acordar mais cedo para as leituras, depois de um banho e uma xícara de café para despertar.

Caso você ainda não esteja convencido da importância da leitura, a *Revista Galileu* reuniu *oito* motivos científicos que provam que ler faz bem. Basta procurar no Google. Destaca-se os seguintes: *a)* quem lê tem mais chances de sucesso e salários melhores; *b)* aumenta as expectativas de vida; *c)* a criatividade é fortalecida; *d)* ajuda a diminuir o estresse; *e)* diminui as chances de ter demência. Uma ótima notícia é que ler é hábito. Portanto, você pode aprender a gostar de ler, não precisando ter nascido com um talento especial para leitura. Há muitas dicas para tanto, como começar aos poucos até tomar gosto pela atividade. Sempre ter um segundo livro, cujo tema você adora, para revezar com a leitura de assuntos mais difíceis e pesados. Se não gostar de determinado título, procure outro que aborde o mesmo conteúdo, mas que possa ser mais didático e compreensível. Busque opções com seus professores ou observe as avaliações dos leitores, mas não se deixe vencer por uma única abordagem.

Uma dúvida que já ouvi muito entre os alunos é sobre o que ler primeiro, um "clássico" ou um "novo". O que importa é ler. Você pode, assim, começar por onde achar mais confortável a leitura. Normalmente, vejo os alunos buscando os resumos que, até por óbvio, são menos densos e, portanto, mais rápidos para alcançar o que se precisa saber ou para ter uma noção, mesmo que breve, de tudo. Em razão de a doutrina estar sintetizada, acontece também que o aluno precise consultar outros livros sobre a mesma matéria, pois o assunto foi tratado de forma superficial demais ou, simplesmente, não foi tratado. Então, fica a recomendação de consultar o sumário, folhear o livro, conhecer o autor e saber se o texto está atualizado.

A respeito da leitura em si, melhor do que ler rápido é ler bem e com eficiência. Não preciso lembrar que a leitura de férias ou por lazer não é a mesma de um livro técnico, pois a retenção é diferente. A boa notícia é que a qualidade da leitura aumenta com a prática, envolvendo maior velocidade, captação e fixação. É importante você saber que a retenção da leitura está diretamente conectada com as suas emoções, por isso, se estiver com raiva é melhor deixar para ler em outro momento. É possível usar técnicas para aumentar a retenção, como ler mais de uma vez ou em voz alta, fazer resumos, remissões, sublinhar ou usar marca-texto no que é importante. Explicar para outras pessoas o que você leu também ajuda. Não há dúvidas que a falta de leitura é a maior responsável pela falta de conteúdo, pelas deficiências na língua portuguesa e na expressão verbal.

Você sabe qual é o meu refúgio para dias tristes? Uma biblioteca ou livraria. É onde não percebo o tempo passar. A experiência de procurar um livro nas prateleiras, deixar-se levar pela curiosidade entre os corredores e as estantes coloridas, viajar pelas capas e títulos. Tudo isso é prazeroso. Além disso, há um dos melhores perfumes que conheço, o "cheiro de livro novo". Descobrir opções novas de assuntos que gostamos é como encontrar conchas na areia e, quem sabe, com pérolas. A faculdade é um momento propício e incentivador para esse novo hábito que talvez você ainda não tenha acolhido.

Construir a própria biblioteca desde o início do curso, mesmo que aos poucos, é um orgulho que deve ser carregado junto com as outras conquistas. Alguns alunos têm medo de "perderem" seu investimento em razão da atualização das leis. Porém, pergunte-nos se colocamos fora os livros ditos "vencidos"? De modo algum! Exceto os *vades*, e mesmo assim, ganham outras utilidades como suporte para monitor ou peso para portas. Entender a evolução do Direito faz parte do aprendizado, caso contrário, as bibliotecas seriam quase vazias. Determinadas edições, em razão da escassez, tornam-se livros raros e, portanto, mais valiosos. Além disso, tem a questão do apego emocional, das histórias que envolvem os livros, como aqueles que foram presentados por alguém especial ou quando comprou num evento e ainda conseguiu uma dedicatória do autor.

O gosto pela leitura pode lhe trazer outro bônus, de seguir pelas carreiras no mercado editorial jurídico, já que este é um pré-requisito essencial, tanto para ser editor, como ser escritor. Escrever é um processo que exige muito cuidado e ele só pode vir com a leitura.

Participar com artigos em publicações e capítulos em livros coletivos servem como currículo e prestígio até escrever o seu próprio livro, que é o melhor cartão de visitas que um jurista poderia apresentar.

Já vi muitos colegas que desistiram da escrita, por argumentarem que publicar é muito difícil. Na verdade, difícil é escrever e entregar no prazo os textos. Hoje há diversas plataformas virtuais de *self publishing*, ou seja, você mesmo publica o seu próprio livro sem saber nada sobre os processos editoriais. Há também editoras que publicam por demanda, o que significa que irão imprimir apenas o que vender. O mundo dos livros é um mercado como qualquer outro, que vive de vendas, portanto, o produto precisa ser comerciável. Reitero: o maior problema é ter o texto pronto e completo para publicar, pois as editoras não recebem mais meros projetos ou ideias.

Dizia o poeta Mário Quintana, "o verdadeiro analfabeto é aquele que sabe ler, mas não lê". Infelizmente, você terá muitos colegas que abrirão poucos livros até o fim da formação, apenas o necessário para serem aprovados durante o curso. No entanto, sentirão a falta da leitura logo quando enfrentarem os primeiros obstáculos, podendo ser o exame da OAB ou as provas de concursos, inclusive as seleções para os escritórios de advocacia. Esteja à frente da concorrência exercendo o hábito da leitura. Esta lhe dará as verdadeiras *asas* que precisará para enfrentar as adversidades do mundo. "É bom ler, e ótimo ter lido" (Carlos Drummond de Andrade).

O que é o sucesso e o fracasso no Direito

12

Logo no início da faculdade, o acadêmico não fica apegado a preocupações de como será a sua vida profissional no futuro, pois ele tem certeza que, no final, "tudo vai se resolver". Fora as projeções superlativas – por exemplo, de chegar a ser ministro um dia (e por que não?) –, ou de já se achar que é advogado, ele tem mais coisas para se preocupar no momento. A atenção estará voltada à realidade universitária com todos os seus compromissos e obrigações. Assim, acaba caindo naquele vácuo de que "o futuro não nos pertence". Apesar dessa realidade ficar cada vez mais dura com o passar do tempo, avançando entre derrotas e vitórias, de algum modo, a ansiedade com um *futuro brilhante* pode avançar para um *futuro seguro* até alcançar um *futuro incerto*.

Em algum momento, questões como fracasso e sucesso profissionais pegarão carona na sua jornada, queira ou não que elas embarquem. A maturidade é que irá definir quando entrarão no seu contexto. No entanto, há quem prefira postergar tais reflexões, protegendo-se na "bolha" da faculdade. Os estudos acabam se tornando um escudo para evitá-las. É como se morassem no Mundo de Oz, vivendo numa realidade distorcida. Sabemos que há alunos que estendem o máximo possível o tempo de permanência no curso em razão disso. De fato, o *jubilamento* serve para desligar os alunos que ultrapassaram a data limite para conclusão do curso, perdendo o direito de rematrícula.

Basicamente, as pessoas associam os erros ao fracasso e, por sua vez, os acertos ao sucesso. Somos, culturalmente, ensinados assim. Pior do que isso, mesmo acertando, a tendência é que sejamos comparados com aqueles que alcançaram "mais" ou foram mais longes e, portanto, acabamos rotulados como fracassados também. Você pode até se tornar um advogado ou uma advogada bem empregada num escritório de alto nível, mas se a sua prima acabou virando juíza com a sua idade e está feliz, é capaz de lembrarem disso toda vez que você reclamar de alguma coisa do seu dia a dia. Então, todas as suas conquistas até aquele momento ficarão relativizadas.

Como você deve supor, o mundo jurídico é um dos mais competitivos. Se os seus colegas comparam as notas com as suas, imagina depois de formados! Imagine como podem ocorrer os encontros de ex-colegas da faculdade. Infelizmente, pode se tornar uma ocasião para expor as "medalhas", nunca as "feridas de guerra". Assim, é possível que os assuntos girem em torno de quem iniciou/terminou uma pós-graduação, dos convites para lecionar ou escrever, do ingresso numa grande firma advocatícia ou se se tornou sócio de uma sociedade de advogados famosos, de quem passou num concurso público muito difícil ou abriu uma *lawtech* e está rico.

Você deve estar pensando que todo este pessoal alcançou o sucesso e você vai alcançar o seu também. Mas será que o sucesso se resume a títulos, conquistas, aprovações e riquezas materiais? Então, seriam fracassados todos aqueles bacharéis em Direito que continuam estudando para concursos, que se viram como motoristas de aplicativo, que não conseguem uma vaga em escritório, que não têm clientes, que não têm qualquer pós-graduação ou que voltaram a fazer outra faculdade? Será que existe um prazo de validade para se considerar fracassado ou vitorioso? Qual seria este prazo após a formatura? Você já pensou que pode acabar vivendo como equilibrista, sobre uma corda bamba entre o medo do fracasso e o desejo do sucesso?

São perguntas e mais perguntas, sem dúvida alguma desconfortáveis, mas que precisam ser colocadas ainda a tempo de gerar reflexão e dirigir suas ações ainda dentro do período universitário. Elas não fazem parte do roteiro curricular e, infelizmente, poucos professores se atrevem a estimular em suas classes. Saiba que o conceito de sucesso é variável com o tempo, até a forma de como lidar com as derrotas. Assim, é desejável fazer periodicamente um exercício de imaginação, e enxergar os desafios que serão colocados à prova e à frente ao binômio profissional sucesso/fracasso. Na psicologia, é chamada de situações *contrafatuais*, quando nos perguntamos "e se" e "o que poderia ter acontecido". Exercer tais situações reduz a ansiedade, pois diminui a distância até o futuro, a tempo de examinar as opções B, C, D até a Z, se for o caso.

Falar de sucesso traz inevitavelmente para outro assunto tão importante, a felicidade. Em geral, as pessoas acreditam que somente depois de conquistar o sucesso é que serão felizes. Lembre-se do montanhista. A felicidade dele não é exatamente colocar uma bandeira no cume da montanha, pois isso dirá apenas do sucesso da missão final da escalada. A felicidade no topo é apenas efêmera comparada com toda a escalada e a superação de cada obstáculo. Depois de colocar a bandeira no cume, passa a se acostumar com ela e com a vista privilegiada até ficar entediada. É uma reação chamada de "adaptação hedonista", cientificamente comprovada.

Vejo muitos alunos dizerem que serão felizes apenas com o canudo. Depois, dirão que serão felizes apenas com a conquista da carteira da OAB. Mais depois, a felicidade estará no ingresso num grande escritório ou na aprovação de um concurso. Essa ciranda não tem fim, pois eles vão se adaptando a novas situações e querem mais e mais. Não há mal algum em querer, desejar ou sonhar, o problema é esperar a felicidade até alcançar o que esperam. Portanto, você já deve ter entendido que a felicidade vem antes do sucesso, inclusive no dicionário. Não é por acaso que há pesquisas empíricas que indicam que quem é mais feliz e otimista tem muito mais chances de ter sucesso.

Na sua opinião, o dinheiro traz felicidade? Se é isso que até o momento falta na sua vida, a resposta é óbvia. Não é pecado algum desejá-lo; ao contrário, a prosperidade econômica é uma das principais causas da felicidade em países capitalistas liberais. A satisfação das condições mais básicas de sobrevivência, como um teto para morar, alimentação e saúde traz o forte sentido da sua necessidade. O problema é quando a busca da felicidade está espelhada apenas na acumulação de bens e de riquezas. Por exemplo, "só serei feliz com uma casa na praia" ou "com um carro mais novo". Inevitavelmente, a adaptação hedonista acontecerá, e a casa da praia e o carro novo, depois de um tempo, será mais uma casa qualquer e um carro usado na garagem, levando a felicidade ao patamar anterior da compra.

Pergunto ainda: o quanto a sua felicidade está vinculada com a dos outros? É claro que a felicidade dos outros nos contagia, especialmente de quem gostamos muito. Porém, muito cuidado, novamente, com as suposições. Muitas vezes desejamos constituir uma família de "propaganda de margarida" como a de colegas próximos, enquanto vivemos em altos e baixos com as nossas "enrolações". Só que não sabemos que eles podem estar sonhando com essas aventuras, as mesmas que você responsabiliza como fonte de sua tristeza infindável.

Acontece o mesmo quando outro ganha mais do que você, numa posição ou cargo que represente a sua ambição de felicidade profissional, e sua pequena inveja seja o suficiente para impedir de conviver com isso. No entanto, pode ser que você ignore o quanto ele sofre com o cargo e que o dinheiro não compense todo o estresse e pressões que precisa suportar. O certo é que nunca saberemos dos outros, se até de nós mesmos é tão difícil exercer o autoconhecimento. A lição é clara: nada é tão perfeito como possa parecer e "jamais serás feliz enquanto fores torturado pelos mais felizes" (Sêneca, filósofo e jurista no Império Romano).

Diz um provérbio japonês que "pouco se aprende com a vitória, mas aprende-se muito com a derrota". Assim, jamais ignore o fracasso ou tenha medo dele. É popular a lição de que os três melhores professores que a vida nos dará são o coração partido, o bolso vazio e os fracassos. O quanto mais cedo e rápido fracassar, e aprender mais rápido com isso, melhor. É a nova cultura do *"fail fast, learn faster"*, em oposição a *"fast track"*, aquela ideia de ter sucesso o quanto antes. Certa vez perguntaram a Thomas Edison, um dos maiores cientistas de todos os tempos e inventor da lâmpada elétrica, como ele poderia suportar tantos fracassos. Ele respondeu com uma das mais belas sentenças sobre o tema: "Eu não fracassei milhares de vezes, eu consegui fazer milhares de tentativas que não funcionaram".

J.K. Rowling, criadora de Harry Potter e uma das mulheres mais ricas da Inglaterra, em seu discurso de paraninfa convidada de uma turma de Harvard, compilado no livro *Vidas Muito Boas*, disse: "Talvez vocês jamais fracassem na escala em que fracassei, mas é inevitável ter algum fracasso na vida. É impossível viver sem fracassar em alguma coisa, a não ser que vocês vivam com tanto cuidado que acabem não vivendo de verdade – e, neste caso, vocês fracassam por omissão. O fracasso me deu uma segurança interior que jamais obtive passando nas provas. O fracasso me ensinou coisas sore mim mesma que eu não poderia ter aprendido de outra forma".

Em suma, fracassar não torna ninguém *um* fracassado, porque não devemos nos identificar por muito tempo com a falha, nem mesmo com o sucesso. Lembre-se, falhe, mas aprenda mais rápido. Já dizia Nelson Mandela: "Eu nunca perco. Ou eu ganho ou aprendo". Quando estiver diante dos sucessos, não esqueça de saber lidar com ele também. A mesma sabedoria do fracasso diz muito sobre o sucesso, pois há lições para aprender, analisar as circunstâncias e para onde ele pode te levar. A diferença está que não queremos repetir o fracasso. Para muitos, o mais difícil é manter o *status* do que alcançá-lo. Assim, para que ele seja duradouro, não se deixe levar para longe da humildade, pois nem o fracasso ou sucesso irão definir quem você é.

A importância das atividades extracurriculares

13

A fundação dos primeiros cursos de Direito no país se deu no ano de 1827, mais precisamente no dia 11 de agosto nas cidades de Olinda/PE e São Paulo/SP, data em que é comemorado o "dia do advogado". Até que as primeiras turmas de bacharéis colassem grau, a formação teórica jurídica passava por uma universidade em Portugal, portanto, a graduação era para bem poucos. Ocorre que no Brasil Império já se demandava muito trabalho na área e a falta de advogados graduados era gritante. Diante disso, permitiu-se que "práticos", ou seja, pessoas sem formação de um curso superior, pudessem advogar, desde que autorizados pelo Poder Judiciário. Também eram conhecidos como "rábulas" ou "provisionados".

Importa destacar esta introdução histórica, para afirmar que a prática jurídica é tão fundamental para o aprendizado do Direito como o conhecimento da teoria. Aprender somente o conteúdo teórico seria como ter todas as peças desencaixadas de um quebra-cabeça a ser montado. Em outras palavras, teria pouca funcionalidade e com chance significativa de perder as peças com o tempo. Veja que nas carreiras mais tradicionais. para se tornar juiz ou promotor de Justiça, além de ser aprovado no respectivo concurso, a Constituição Federal exige, no mínimo, três anos de atividade jurídica. Ou seja, a prática é indispensável para alcançar esses cargos. Sendo assim, não há como dissociar a teoria da prática.

Quando me refiro à "prática", desejo fixar a importância de todas as atividades *extracurriculares* que completam o aprendizado em Direito e não apenas às disciplinas de processo ou aquelas com esse propósito, pois estas são *curriculares*. As atividades complementares não significam que precisam ser exercidas fora dos muros do *campus* universitário, até por que cada vez mais as instituições investem nelas dentro de seus domínios. Por exemplo, os *serviços de assessoria* ou de *assistência jurídica universitária*, mais conhecidos pela sigla SAJU. Outra denominação conhecida com a mesma função são os *núcleos de práticas jurídicas* ou NPJ.

Basicamente, o SAJU ou NPJ é um centro de atendimento para população carente, uma espécie de projeto de defensoria pública ou um escritório de advocacia gratuita e popular. A participação do aluno é por adesão e não é remunerada, observado ainda os requisitos mínimos exigidos pela instituição. Em determinados serviços, em razão de ter um número maior de interessados do que vagas disponíveis, há seleções para ingressar no SAJU. Sua funcionalidade prática e as experiências que se vive são únicas. Apesar de serem supervisionados por professores, a entrevista com os "clientes" e o encaminhamento das medidas que precisam ser tomadas são realizadas diretamente pelos acadêmicos. Nada é simulado; é a realidade que muitos desconhecem e, em razão disso, ficam impactados com litígios familiares, criminalidade, questões trabalhistas, previdenciárias e do consumidor.

Ainda quando graduando, fui voluntário no SAJU da minha faculdade e o meu aprendizado foi enriquecedor. Mesmo depois de formado, participei como monitor no SAJU da universidade federal e, novamente, só tenho a agradecer por esses períodos. Vivenciar essa prática profissional é um diferencial na consolidação da teoria. É um trabalho que além de incrementar o currículo acadêmico, ainda serve para despertar a paixão por uma certa especialidade que pode, até então, estar sendo ignorada. Ademais, o envolvimento com uma atividade social e gratuita a comunidades carentes, beneficia a realização pessoal ao alcançar a Justiça para quem dela precisa.

Os NPJs também são responsáveis por supervisionar estágios fora da instituição por intermédio de convênios com escritórios de advocacia ou órgãos públicos. Estagiar é um momento relevante para o universitário, quando se coloca em execução e à prova todos os estudos que vem sendo alimentado desde o primeiro semestre. Sabe-se que muitos, em razão de trabalharem no turno diverso do curso, não têm condições de frequentar um estágio diário. Em razão disso, o SAJU pode ser uma solução, pois não há essa exigência de frequência, bem como alguns estágios voluntários em repartições públicas. Se ainda for difícil conciliar a agenda, então invista nos estágios de prática jurídica, de natureza curricular, ou nas oficinas práticas, que algumas instituições oferecem como curso de extensão. Não é a mesma experiência, mas ajuda a entender o passo a passo da realização de peças processuais.

Adverte-se que nem todo estágio é igual. Por exemplo, tive a sorte de ser selecionado para uma vaga no setor jurídico do BACEN, onde aprendi a fazer recursos especiais e extraordinários, além de pesquisar jurisprudência, entre outras atividades que foram relevantes para a minha formação. No entanto, para muitos, a realidade é diferente. As reclamações giram em torno de expressões como "office-boys de luxo" ou "escravigiários", seja por executarem papéis não relacionados ao aprendizado de Direito, seja por terem uma rotina exacerbada de tarefas. Felizmente não é a regra, pois o estagiário tem direitos garantidos em lei e tem o dever de denuncia aos responsáveis por supervisionar as atividades extracurriculares.

Acrescenta-se ainda que a complexidade das tarefas do estágio regula com o quanto o estagiário está adiantado na faculdade. Assim, os anúncios de vagas, em geral, são claros ao exigir um período mínimo de formação. Seguindo essa lógica, estágios que permitem que alunos do primeiro semestre possam se inscrever não exigirão maiores conhecimentos e, portanto, as tarefas serão mais básicas. Do mesmo modo, quanto mais próxima estiver a conclusão do curso, mais proveitosa deverá ser a experiência com o estágio e a prática.

Na sua maiorida, o escritórios preferem quem está matriculado nos últimos anos do curso jurídico, pois, nesse caso, o estagiário consegue se inscrever na OAB e ter a sua própria "carteirinha", o que lhe dá o direito de praticar os atos privativos da advocacia em conjunto com advogados. Caso você tenha decidido seguir a advocacia, a dica é buscar escritórios que possam efetivar os próprios estagiários, assim fica mais fácil sair com um emprego do local que já lhe conhecem. Constar no currículo mais de um escritório, como experiência de estágio, também gera potencial para contratações futuras. Por outro lado, se você tem pretensão de seguir carreira pública, fazendo concursos, sugere-se estágios em órgãos públicos para entender como funciona tais estruturas. Qualquer que seja a sua escolha, observe se o estágio não irá atrapalhar muito seus estudos e compromissos com a faculdade, pois não é comum que liberem para provas ou trabalhos.

São consideradas também atividades extracurriculares e complementares a iniciação científica e os grupos de pesquisas. A iniciação científica surge como uma oportunidade para os graduandos atuarem em projetos de pesquisa, com ou sem *bolsas de fomento* (CAPES, CNPq etc.), orientados por professores e pesquisadores da própria instituição. Caso você queira seguir a carreira acadêmica, é uma ótima oportunidade que surge durante a graduação, pois acaba sendo um grande diferencial para a seleção e o ingresso nos cursos de mestrado e doutorado. Geralmente, o prazo de iniciação é de um ano e, diferente dos estágios, o conselho é não deixar para o final do curso, misturando com outros compromissos inevitáveis, como o TCC e as provas finais. Tenha a consciência de que há diversas tarefas a serem realizadas durante a iniciação, tais como eventos a participar, artigos e relatórios para elaborar, enfim, obrigações acadêmicas envolvidas com a produção científica.

Muitos dizem que a iniciação não é para todos os acadêmicos de Direito, o que concordo. Exige-se vontade e disponibilidade, antes de tudo. Porém, mesmo para aqueles que não desejam seguir a vida acadêmica, o retorno compensa muito o seu envolvimento, por três motivos. Primeiro, incrementa-se o *currículo lattes*. Muitos escritórios, em suas seleções, gostam desse "detalhe" no currículo. Segundo, conhece-se muita gente de semestres diversos, não só da própria faculdade, mas de tantas outras espalhadas pelo país ou no exterior em razão dos eventos e seminários. O CONPEDI, Conselho Nacional de Pesquisa e Pós-Graduação em Direito, é um dos grandes responsáveis em fomentar a pesquisa jurídica no Brasil. Terceiro, é um facilitador para realizar o TCC, o temível trabalho de conclusão, pois não será nenhuma novidade a pesquisa para realizá-lo.

Programas de monitoria também se inserem como atividades extracurriculares e servem como uma ótima opção, caso você queira seguir a carreira docente. Sinteticamente, o monitor acompanha a rotina do professor e o ajuda nas suas tarefas com os alunos. É como passar para o "outro lado do balcão" e conhecer os bastidores da docência, de como planejar uma aula, realizar uma prova, cuidar para os alunos não *colarem* em dia de avaliação, fazer a chamada, tirar dúvidas, preparar o material didático, enfim, tornar-se um aprendiz de professor. Mesmo para aqueles que não têm convicção sobre a carreira, serve para exercitar competências que não teria oportunidade de desenvolver, como vencer a timidez e exercer a oratória. Além disso, de acordo com a "pirâmide do aprendizado", creditada a William Glasser, um psiquiatra estadunidense, explicar para os outros é o modo mais eficiente de aprender.

Caso você decida pela monitoria, destaca-se que em muitas instituições há uma seleção, algumas até com prova oral, além da análise do currículo. Em outras, basta a afinidade com o professor para acompanhá-lo na sua disciplina. É importante que você goste da matéria também, pois caso contrário, pode se tornar uma tortura injustificável durante o período de monitoria. Em geral, dura apenas o semestre letivo e, às vezes, há uma pequena retribuição financeira para ajuda de custos. Por certo, é recomendável que você domine o conteúdo muito mais do que os alunos da disciplina, mas não justifica a angústia em saber todas as respostas, pois nem mesmo os mestres a sabem. Atente-se que a monitoria é um aprendizado e o desconhecido faz parte dele. Por fim, não custa lembrar, tenha humildade, pois os "seus" alunos também estão na faculdade para aprender.

A advocacia do Século XXI

14

Segundo os dados do Conselho Federal da OAB, já superamos a marca de 1 milhão de advogados há algum tempo – e o número não para de crescer. Ainda haverá vagas em escritórios quando você concluir a faculdade e passar na OAB? Ou haverá espaço para abrir a sua própria sociedade? Eis a dúvida de muita gente que ingressará na profissão neste século XXI. Para piorar, além desse quadro de incertezas, há o temor de que, em um futuro próximo, a inteligência artificial ou robôs tomarão o lugar dos *causídicos*. Será que a advocacia vai acabar como muitas outras profissões que já não existem mais? Muita calma nesta hora.

Faça um favor agora. Deixe de lado a leitura e pesquise junto ao "Dr. Google" a seguinte frase: "advocacia vai acabar". Os *fofoqueiros de plantão* e disseminadores de *fake news* ficarão desapontados com os resultados. Fora algumas especulações, a maioria dos *links* leva a textos que validam profundas mudanças na advocacia, mas promissoras. Em 2008, o escritor e pesquisador Richard Susskind publicou o *best-seller The End of Lawyers?* [O Fim dos Advogados?], provocando a reflexão numa das classes profissionais mais antigas da humanidade, cuja origem remonta aos séculos anteriores ao nascimento de Cristo. Suas publicações seguintes deram continuidade a esse debate, em relação ao futuro da advocacia e da própria Justiça.

Sintetizando suas conclusões, a evolução da advocacia exige novas competências e formas de se expressar, e, portanto, você precisará estar conectada a elas.

A preocupação com o número de advogados atuando no país não é de hoje, nem de ontem, mas do século passado. A OAB foi criada em 1930 e atua, desde então, em defesa dos direitos e prerrogativas da advocacia. É o conselho profissional mais forte e ativo dentre todos os outros; basta observar que sempre há um integrante, representando a classe, convidado a opinar nos meios de comunicação. Assim, a possível saturação do mercado da advocacia sempre esteve na pauta da OAB, e, as premonições de que os advogados sumiriam do mapa, como você deve imaginar, nunca se realizaram. Veja que, mesmo com todas as críticas à abertura de novos cursos jurídicos, o número de matrículas para o Direito permanece sendo um dos maiores para o ensino superior. Pergunta-se: você se matricularia num curso que não ofereceria mais oportunidades profissionais?

A verdade é que a advocacia e o próprio Direito acompanham a evolução da humanidade. Adaptam-se rapidamente aos novos costumes e à cultura de cada geração. Ora, se sobreviveu a grandes guerras, pandemias, ditaduras, levantes, entre outros atos de violações impensáveis, por que ela se autodestruiria? É justamente nas crises que a advocacia mais se fortalece e atua. Todo sofrimento traz uma ideia de injustiça, e mesmo aqueles que sabem que viveram na ilegalidade acreditam na Justiça. Portanto, a advocacia somente irá acabar com o próprio mundo e, muito provavelmente, a última pessoa a apagar a luz será um advogado!

Por outro lado, o fato de a advocacia ser tão antiga traz algumas desvantagens. Superada a fase do "olho por olho, dente por dente, mão por mão, pé por pé" (Êxodo 21:24), o conflito entre duas pessoas passou a ser assunto entre advogados. É o que aprendemos com a tal "lide", como conflito de interesses qualificado por uma pretensão resistida, conceito *carneluttiano* para "eu vou te processar!". É o que aprendi quando comecei a minha advocacia, mas isso foi no século XX, não no seu! Por exemplo, hoje, a *moda* é a arbitragem, mediação ou conciliação.

No final do século XX, a popularização da informática e da internet foi, sem dúvida alguma, um marco evolucionista para o Direito. O modo de aprender, pesquisar, divulgar, trabalhar e operar essa *ciência* é, praticamente, o que você conhece hoje com alguns acréscimos, como a mobilidade dos *smartphones*, *tablets*, *notebooks* e *wearable*. A tecnologia, portanto, assumiu um papel fundamental no desempenho profissional. É desnecessário elencar tudo o que melhorou ou que vem sendo construído para ajudar a prática advocatícia em tempos modernos, mas basta imaginar quando não existia o atalho "Ctrl+C, Ctrl+V"! Não sei como esses advogados sobreviviam...

Apesar de já passarmos por duas décadas dentro dos anos 2000, parece que somente agora é que estão enfatizando o século XXI como uma mudança de paradigmas na advocacia. Se você achava que colocar uma placa vistosa na frente do seu escritório seria o suficiente para atrair a sua clientela, lamento informar, isso não existe mais, exceto se ele ficar à frente da porta do fórum. Criou-se até uma nova disciplina para tratar sobre a captação de clientes, o Marketing Jurídico.

Destaca-se que o Marketing Jurídico não se ocupa só da publicidade, como se poderia imaginar, mas também de estratégias, definição de área de atuação e público-alvo, mapeamento de desempenho e prazos, fixação de metas, entre outras dinâmicas profissionais. Nem mesmo os cartões de visita, impressos em elegantes fontes e papel de primeira, que todo advogado se orgulhava em exibi-lo antigamente, têm resistido às novas formas de comunicação. *Sites*, *blogs*, YouTube, *apps* de mensagens instantâneas e as redes sociais cumprem a mesma função, mas com um alcance nunca visto antes.

Nesse contexto, é bem provável que você ouvirá falar sobre a "Advocacia 4.0". Esse conceito segue o que vem sendo denominado como Quarta Revolução Industrial, baseada em redes inteligentes de autocontrole, robôs, drones, impressoras 3D, inteligência artificial, neurotecnologias, sistemas ciberfísicos, *big datas*, *startups*, *cyber security*, *cloud computing*, entre outros processos digitais e expressões em inglês. Não parece coisa de ficção científica? Pois então, ao invés do advogado temer tais inovações tecnológicas e ferramentas digitais, ele se alia a elas, utilizando-as a seu favor.

As *lawtechs* ou *legaltechs*, conceitos quase idênticos, já que as diferenças são mínimas, são exemplos de como o mercado jurídico está surfando nessa onda. Em geral, são *startups* que desenvolvem produtos e serviços tecnológicos para área jurídica, divididas em diversas categorias, desde do uso de inteligência virtual, gestão de rotina dos escritórios, redes de profissionais, automação até análise de dados. Saiba que há mais de 80 milhões de processos tramitando no Judiciário, sendo que a magistratura julga cerca de 30 milhões de ações todo ano, segundo dados do Conselho Nacional de Justiça – CNJ. É processo que não cabe mais no espaço físico das varas e tribunais.

Assim, para evitar um colapso, o *processo judicial eletrônico* foi a solução para dar conta do volume de ações e para agilizar o julgamento. Como consequência, a automação jurídica se tornou inevitável para os advogados, agregando diferentes espécies de recursos tecnológicos para modernizar a própria advocacia, aumentar produtividade dos escritórios, trazer eficiência aos fluxos diários, otimizar tempo e aperfeiçoar a gestão. Você deve imaginar que somente as grandes sociedades de advocacia serão beneficiadas, mas as médias e pequenas também estão atentas e buscam aderir a essa nova realidade dentro do tamanho delas.

Diante de tudo isso, você deve estar se questionando, será que os robôs não tomarão as vagas dos advogados? Mesmo que se tenha noticiado a contratação do primeiro *advogado robô* no mundo, o "Ross", por um escritório estadunidense, ele não passa de uma máquina com inteligência artificial projetada para examinar milhares de dados, pesquisar casos e decisões, monitorar a atualização da legislação e fornecer respostas a dúvidas dos colegas humanos. Logo depois, foi lançado no Brasil o "Eli", com competências parecidas, que, do mesmo modo, precisa ser alimentado e ensinado por advogados em "carne e osso". Então, muita calma nesta hora, pois os ministros do STF também não têm medo do "Victor", um projeto que utiliza inteligência virtual para dar maior eficiência e rapidez na avaliação e classificação nos processos.

Para dar conta dessas novas demandas, especialidades serão criadas, bem como novas vagas de trabalho para atendê-las. Para ilustrar, temas como *blockchain*, *bitcoins*, criptomoedas, *startups*, privacidade de dados, comércio eletrônico, *smart contracts*, entre outras necessidades de uma sociedade que respira cada vez mais uma realidade tecnológica, estão ingressando no repertório das bancas de advocacia. Além do Direito Digital, novas áreas de atuação tornam-se promissoras como *Compliance*, Direito Regulatório, *Fashion Law*, Direito da Concorrência, Arbitragem, entre outras. Ademais, áreas mais tradicionais voltam a ter grande visibilidade em períodos propícios, como Direito Contratual, Direito Societário, Direito Tributário e Direito da Concorrência, para citar algumas. É claro que as *clássicas* nunca morrem, como Direito do Trabalho, Penal e Civil.

Tenha em mente que as habilidades técnicas não bastam mais para resolver estas pendências e todas as outras que o futuro da advocacia lhe reserva. Tem-se escrito muito sobre as "habilidades comportamentais", também conhecidas como "*soft skills*", consideradas como um grande diferencial pelos empregadores e gestores de RH. Assim, a capacidade de se comunicar, o pensamento crítico, espírito de liderança e de colaboração, trabalho em equipe, atitude positiva, inteligência emocional, habilidade organizacional, capacidade de trabalhar sob pressão e flexibilidade, são algumas que se destacam e se esperam do profissional do século XXI. O currículo ainda importa, mas relativiza-se com o passar do tempo, pois não adianta ter diversas pós-graduações, ser poliglota ou ter grande experiência se não responde nem "bom dia" dos colegas.

Veja que tais competências não se aprendem na faculdade ou talvez nunca alguém diga para você que sejam tão importantes. Uma ferramenta que surgiu nos últimos tempos e que lida com essas questões foi o "coaching jurídico". Como se sabe, o *coaching* é definido como um processo que promove o desenvolvimento pessoal e profissional a partir de metas definidas. Já o *coaching jurídico* é essa mesma metodologia, porém focada na pessoa do operador do Direito, atendendo não só advogados, mas também estudantes, bacharéis, servidores públicos e integrantes do Poder Judiciário. Julga-se tão importante e atual, que vem ganhando representatividade nas seccionais da OAB por meio de comissões especiais, e já existem publicações especializadas e até curso de pós-graduação.

Finalmente, tem-se dito muito em eventos para advocacia que o advogado do século XXI precisa ser *empreendedor*. Isso não quer dizer, necessariamente, que todos precisam abrir o seu próprio escritório para empreender. O que se deseja é uma mentalidade que não enxergue a advocacia como mais um emprego, mas uma missão. Você pode empreender na advocacia de muitos modos, mas, em última instância, é uma questão de *"mindset"* (mentalidade)! Envolver-se de "corpo e alma" em todas as situações é destacar-se entre uma multidão que espera o final do mês para receber seu contracheque ou daqueles que aguardam sentados no escritório à espera do cliente que nunca vem. Em breve, a "Advocacia 5.0" estará batendo à porta da sua realidade!

Concurso não se faz para passar, mas até passar

15

É muito provável você já ter tido contato com este "mantra", especialmente, se pretende seguir as carreiras públicas. O autor da frase é o juiz federal William Douglas, considerado o "guru dos concursos". A lição que a frase traz se tornou uma fonte de motivação para os concurseiros. Como você deve saber, o curso de Direito oferece muitas oportunidades para as carreiras públicas. Para alcançá-las, prevê a Constituição Federal que a "investidura em cargo ou emprego público depende de aprovação prévia em concurso público de provas ou de provas e títulos, de acordo com a natureza e a complexidade do cargo ou emprego". Há as nomeações para cargo em comissão, mas não é objeto deste capítulo.

Desde que os concursos públicos se tornaram atraentes, sobretudo após a Constituição Federal de 1988, muito tem sido escrito e falado sobre eles. A publicação pioneira do William Douglas, *Como passar em provas e concursos*, gerou repercussão e ainda nascem tantas outras com esta temática. Não é exagero afirmar que todo brasileiro é um "potencial concurseiro", pois a iniciativa privada não oferta tantos benefícios como um cargo público entrega. Para você ter uma breve ideia, um concurso para o INSS teve mais de *1 milhão* de inscritos para apenas 950 vagas!

Meus pais seguiram o sonho do serviço público e se aposentaram na esfera federal. Sou, assim, filho de servidores públicos que me incentivaram a tomar o mesmo rumo em razão das diversas vantagens que oferece. A estabilidade financeira foi sempre uma das que mais destacaram no contexto das opções que eu tinha, bem como uma aposentadoria mais vantajosa e uma carreira para construir com adicionais e etc. Sempre ponderaram, contudo, que, como advogado, eu poderia ter uma agenda cheia e que os meus honorários poderiam me deixar rico, o que não é comum no serviço público.

Assim, fica fácil concluir que o concurso público, com todas as suas vantagens, é a "Terra Prometida" para muita gente. Contudo, toda Terra Prometida tem um "deserto" antes para ser percorrido, o que será exigido um longo período de peregrinação com todas as dificuldades que um tempo árido pode impor. Desse modo, caso seja esse o seu destino, é melhor começar a se preparar para enfrentar as adversidades que todo concurseiro sofre (e muito!). Para exemplificar, será necessário encarar a privação da convivência social com amigos e familiares, porque para dispor de leituras, exercícios e assistir a aulas, todo o tempo será necessário, além de muita eficiência para quem não tem tanta disponibilidade.

No entanto, não é só a falta de tempo para estudar que muita gente reclama; há "outras dores" para suportar, como o pequeno número de vagas disponíveis, a alta concorrência e conteúdos programáticos infindáveis para estudar. Também há determinadas provas que afugentam os candidatos, como aquelas de "certo ou errado", quando a incorreta anula uma correta. Quando concurseiro, certa vez fui tão mal numa prova desse tipo que tive medo de me descontarem o que "fiquei devendo" nas provas seguintes... De fato, essas situações acabam afastando os candidatos para diversos concursos e eles desistem sem nem tentarem.

A pergunta é "quantas vagas" você precisa para aprovação? Se não é possível assumir duas vagas para o mesmo cargo e a Lei de Newton é clara quando afirma que "dois corpos não podem ocupar o mesmo lugar no espaço ao mesmo tempo", bastaria apenas uma, não é? É assim que pensam os concurseiros que se inscrevem para concursos com apenas uma ou duas vagas, ou naqueles certames que informam que a seleção é para "cadastro de reserva". Os números da concorrência também assustam e até paralisam. Estou cansado de ver candidatos que já entram derrotados na disputa, por que justificam que o número de concorrentes por vaga é muito alto. Porém, se você perguntar aos concurseiros experientes, aqueles que estão calejados pelas provas, qual é o maior concorrente deles, responderão que são eles próprios.

Quando a preocupação está muito focada no número de candidatos, tenha certeza que a reprovação terá apenas uma culpada, a concorrência alta. Terceirizar a culpa nesses casos é comum, o problema é que a grande maioria dos certames tem muita gente participando. Ou seja, nenhum concurso será "bom" para passar. A única coisa que o concurseiro tem controle é do seu tempo de preparação, pois todo o resto que importa também lhe escapa, como as regras do concurso, a dificuldade da prova, o número de vagas e de inscritos. Agora, como ele usará o seu tempo para estudar é um problema exclusivo dele.

Veja a facilidade que se tem hoje de acompanhar os editais, coletar os dados referentes ao concurso que se deseja e resolver as provas anteriores. Diante de tudo isso, é possível conhecer as regras do jogo antes da publicação do edital, saber quantos foram chamados além do número de vagas estipuladas, calcular a pontuação mínima ou "nota de corte" para ficar entre os classificados, além de prever a tendência e direção dos conteúdos que poderão ser cobrados. Este tipo de pesquisa acontece muito em esportes individuais, onde os atletas precisam chegar a índices desejáveis para se qualificarem.

Outra dificuldade muito lembrada pelos concurseiros é quando tem "muita coisa para estudar", ou seja, sempre. Veja que isso não define, necessariamente, o grau de dificuldade da prova. Os editais não têm a função de indicar apenas o que cairá na prova, mas tudo o que poderá ser cobrado. Sendo assim, na sua grande maioria, eles são extensos e abrangentes. Como a aprovação traz a eficiência entre suas qualidades, quem passa é quem teve a "sorte" de ter estudado aquilo que realmente estava na prova. Mas ela não é aleatória (por isso, entre aspas). Analisar as provas anteriores com os respectivos conteúdos programáticos é uma estratégia eficiente, pois identificará o que foi cobrado. Encontrar tendências é uma forma de "prever" o que cairá na sua prova.

Por isso, preparar-se por meio de provas anteriores é uma das melhores metodologias de estudo. Além de testar seus estudos e validar o seu desempenho, você saberá como as bancas organizadoras preparam as provas e a sua dinâmica. Uma das lendas mais populares nos concursos públicos é acreditar que o aprovado é quem estudou "mais". Na verdade, é quem estudou "certo", esta é a sorte dele. Quantidade nunca foi sinônimo de qualidade numa preparação. Desse modo, quem estudou *oito horas* por dia não tem vaga garantida se competir com aquele que estudou metade disso. Um bom planejamento e organização são essenciais.

Se fosse só estudar e ajustar a preparação com as dicas anteriores estava tudo bem, mas também tem a parte emocional para lidar. Tem as crises psicológicas, o medo de não passar, a ansiedade, a desmotivação, o desconforto da demora da aprovação, a falta de concentração e o estresse da vida de estudante. Já deixei evidenciado que toda preparação para provas tem dois lados, o pedagógico e o psicológico. É possível que muitos sejam aprovados sem levar em conta o estado emocional, porém, se tivessem se dado conta da sua importância, teriam alcançado a aprovação bem antes.

O medo é considerado uma emoção negativa, porque traz uma sensação incômoda. Porém, se observamos melhor, quando ele está presente não ficamos mais atentos, cuidadosos e preparados para algo que possa acontecer? Portanto, além de ser uma emoção necessária e normal para a sobrevivência, o medo também exige uma reação e, para o concurseiro, a melhor é se dedicar mais aos estudos para não reprovar. O problema é quando o medo paralisa. Assim, aceite-o e raciocine a sua causa. Por exemplo, se o medo é de reprovar, verifique se você está estudando certo ou o suficiente e tome uma atitude. Caso continue assustando, lembre-se que todos aqueles que foram aprovados foram reprovados algumas vezes.

A ansiedade, considerada como o "mal deste século", como já escreveu Augusto Cury, é caracterizada pelo excesso de pensamentos no futuro. Em geral, há diversas situações que a provocam, como a expectativa da publicação do edital ou na marcação do dia da prova, se ela será difícil ou se o conteúdo que foi estudado será cobrado. Também gera ansiedade a especulação se a concorrência será alta ou qual a banca que será anunciada. Na maioria das vezes, fatos que o concurseiro não tem qualquer controle. Portanto, antes de mais nada, aceite a ansiedade, porque todos temos um pouco, e deixe de se preocupar com o que você não tem controle. *Mestre Yoda* diria: "paciência terás"!

A desmotivação e o estresse, por sua vez, são opostos na régua emocional. Se a desmotivação traz a passividade e a tristeza, o estresse leva à agitação e irritação, mas ambos alimentam a desistência do concurseiro. Observo muitos concurseiros desmotivados em razão das reprovações a ponto de desistirem, porém, não entendem que os erros servem para apontar o rumo certo e ficam navegando em círculos. Reprovei muitas vezes até me dar conta que as provas que colocava fora serviam para enfrentar os concursos seguintes. Já o estresse é um indicativo que há um sobrecarga, que pode ser física como psíquica. É importante investigar as causas e, se for necessário, as pausas servem para ajustar as velas antes de embarcar, novamente, nos concursos.

Também é causa de desmotivação e estresse os boatos que os concursos irão acabar. Tenha certeza, é *fake news*! Desde que comecei a preparar para concursos, leio e ouço a mesma coisa. Acabaram? Não. Os governos mudam e novas especulações voltam à tona. É verdade que alguns contratam mais do que outros, mas por maior que seja a crise, continuarão precisando de servidores públicos, pois a *máquina pública* não pode parar! Quando alguma gestão anuncia que suspenderá os concursos, a seguinte precisará, urgentemente, repor seu quadro, então se tranquilize, ok?

Dizem também que os concursos estão mais ficando mais difíceis. O fato é que as provas acompanharam a sofisticação e evolução dos concurseiros, portanto, estão mais bem elaboradas. No entanto, a matéria é a mesma, apenas mais atualizada. Sendo assim, a dificuldade não só é relativa, como subjetiva. As pessoas continuam sendo aprovadas, o que comprova que não lhe tornaram impossíveis. Os boatos servem, unicamente, para prejudicar uma grande parcela de candidatos que acredita em tudo. O melhor antídoto é se blindar e focar no que interessa: estudar.

Finalmente, caso o seu destino seja mesmo as carreiras públicas, você já parou para pensar que as suas chances são consideráveis de alcançar a aprovação ainda durante a graduação? Há ótimas oportunidades de concursos de nível médio, caso seja a sua primeira graduação, em que o conhecimento da legislação tem grande peso. Quem sabe você já alcança a sua independência financeira? O único problema é estudar concomitantemente para a faculdade e para os concursos. Mas como o próprio William Douglas já escreveu, "concurso público: a dor é temporária; o cargo é para sempre".

Por que parece que quanto mais se estuda, menos se sabe?

16

Quando estava para concluir a minha faculdade de Direito, no primeiro semestre de 1997, uma sensação de desconforto começou a atrapalhar toda a felicidade reservada para aquele momento, pois finalmente alcançaria o tão sonhado canudo. Comecei a questionar se, depois de cinco anos de intenso aprendizado, estava pronto para enfrentar o "mundo lá fora". Será que tinha estudado o suficiente, pois parecia que sabia tão pouco? Essa dúvida se tornou tão forte a ponto de emendar, diretamente, um curso de extensão de um ano na rígida Escola da Magistratura. Lá tive a certeza que tinha muito ainda a aprender.

Para outras pessoas, essa dúvida pode ocorrer em momentos distintos, mas ela surge para todos os acadêmicos de Direito. É comum, com o avançar dos semestres letivos, que novos conteúdos vão sendo revelados, trazendo leituras inéditas, ao passo que outras reflexões ganham atenção. Parece que nunca tem fim, não é? Sinto informar, mas não tem. Realizei diversos cursos de extensão para aprimorar alguns assuntos, fiz especialização para aprofundar temas que julgava interessantes, participei de eventos jurídicos com o fim de me atualizar e conhecer novidades da área e, por fim, conclui um mestrado, onde, definitivamente, aprendi a pesquisar e debater. Estou pronto? Não, ainda bem.

Assim, crises diante desse paradoxo (de quanto mais se estuda, menos se sabe) serão permanentes durante nossas vidas. A diferença está em como lidar com elas. Alguns as ignoram, outros, continuam estudando e aprendendo. Infelizmente, há quem desista do Direito por não as suportar ou porque os esforços não são recompensados pelos resultados. Durante a faculdade, o risco de desistência é muito grande. Os sintomas começam quando os professores parecem falar outro idioma ou quando o *vade mecum* começa a se tornar um peso morto, porque a legislação cada vez mais se assemelha com uma "sopa de letrinhas".

Desistir parece sempre ser a melhor opção a tomar, mas o medo do rótulo do fracasso ou do tempo (e dinheiro) perdido num curso que não era o que se esperava, mantêm os alunos insatisfeitos sobre os trilhos, muitas vezes num trem emocional desgovernado. Parar esse trem numa estação, apenas suspendendo o curso, pode ser uma opção melhor para refletir antes de tomar uma decisão definitiva. Se muitos casais "dão um tempo" para ver se vale a pena manter a relação, por que não com o curso? De fato, infelizmente, a nossa cultura prejulga que os fracassos tornam as pessoas fracassadas e que "desistir é para os fracos".

No entanto, ninguém se atreve a lembrar que muita gente que desistiu do Direito se tornou referência em suas novas atividades – além da realização dos próprios sonhos, mudaram a vida de outras pessoas, consequentemente. Tenho muitos ex-colegas que seguiram outras carreiras e são realizados nelas. Há também quem desista de outros cursos para despertar a paixão no Direito, como aconteceu comigo. Se tivesse insistido na Medicina, provavelmente este manual seria para outro público. Você tem o direito de viver a sua felicidade e não o desejo ou que pensam os outros.

As eventuais crises de identidade não são o mal em si, como as *febres* não são para a saúde. A elevação de temperatura tem basicamente a função de ativar a defesa dos organismos quando há algo estranho em seu funcionamento. Essas *crises* são uma forma de autodefesa emocional em razão de um desequilíbrio entre o que "quero", "posso" e "serei". A maioria dos que acabam saindo do curso de Direito diz que "não se enxergava atuando na área". Até este momento, os principais sintomas eram que os estudos não faziam sentido. Não nem uma questão de *quantidade* de investimento no aprendizado, mas na sua *qualidade*. As emoções verdadeiras não conseguem ser ignoradas por muito tempo, pois um dia a "conta vem".

Sempre que posso, acompanho pelas redes sociais o rumo que meus alunos e leitores seguiram. É indisfarçável meu orgulho de que, de algum modo, contribui com algo, mesmo que tenha sido uma única lição. Inclusive, há alunos que desistiram do Direito em diferentes fases da vida deles. No entanto, alguns deles mudaram diversas vezes de curso superior. É minha especulação de que o problema não era a graduação de Direito, mas deles próprios. Nesses casos, é melhor procurar ajuda profissional para avaliar a vocação profissional em si ou se há mais coisa a ser analisada.

Descobri que o ato de estudar diz muito sobre a pessoa, porque fala dos seus interesses, paixões e virtudes. Não só fala dos sonhos, mas de pesadelos. Quem estuda o que não gosta realmente será um pesadelo em estado vigilante. Em razão disso, importa investigar a motivação que está por trás das suas leituras, pesquisas e presença nas aulas. Qual seria a motivação de um idoso aos 94 anos se formar em Direito? E de alguém pedalar 42 km todos os dias para se deslocar até a faculdade? E a motivação de quem que era vendedor ambulante, doméstica, pedreiro, engraxate, faxineira, de quem morou na rua, ex-dependente químico, refugiado no país, catador de recicláveis, detento, vendedor de bananas, cortadora de cana e borracheiro!

A internet está cheia de histórias reais de superação e que deveriam ser fonte de motivação para aqueles que se aborrecem por mínimos incômodos, como carregar um *vade mecum* pesado, de não achar vaga no estacionamento da instituição, das filas no bar ou dos trabalhos em grupo. "Reclamar" se tornou um verbo tão interiorizado em muitos alunos do Direito, que ainda me surpreendo com a intensidade que alguns levam adiante. Quem teria o "direito" de reclamar, não reclama nem das suas condições adversas. Já foram notícias de conclusão do curso alunos cadeirantes, cegos, com atrofia muscular degenerativa, sem os membros superiores, com paralisia cerebral, deficiente visual com paralisia cerebral, deficiente auditivo, e tetraplégico.

Provavelmente, todos poderiam ter ficado em casa, reclamando da "vida injusta", apontando para possíveis culpados ou dos problemas que poderiam enfrentar caso se matriculassem num curso de graduação. Mas seguiram adiante e são exemplos de perseverança para todos nós. Não desejo que você desista pelo paradoxo de quanto mais se estuda, menos se sabe, nem pelas dificuldades que todo curso de graduação apresenta. Se você vive em constante dúvida a respeito, sugiro que faça um exercício de imaginação bem simples e sem maiores traumas. Projete, mentalmente, a interrupção do curso com todos os detalhes possíveis que envolva isso e observe a sua reação.

Alguns alunos que tive, e que precisaram trancar a faculdade por questões financeiras, mas retornavam depois, relatavam uma angústia de "luto". É fácil perceber esse sentimento, pois amavam algo que perderam, mesmo que de forma temporária. É essa reação que desejo quando se imagina a interrupção do curso. Por outro lado, se a reação é passiva, sem maiores sentimentos, é um alerta para entender melhor o que se passa. Do mesmo modo, se somente a imagem da ausência da convivência dos colegas, que se tornaram amigos, aparece. É quase como um casal que não funciona mais como tal, mas em razão do filho menor, não se separa.

O curso de Direito não é perfeito, longe disso, mas qual seria? Recordo que fiz, simultaneamente com o Direito, a graduação de Ciências Contábeis durante dois anos. Fora uma sugestão dos meus pais, pois tinham em comum este curso. Aqui um breve *parênte-*

ses. Meu pai se formou além de Direito e Contábeis, também em Administração de Empresas, Economia e Administração Pública. Tudo numa universidade pública. Juro que tentei manter os dois cursos em turnos inversos, mas percebi que o Direito tinha uma amplitude de conhecimento que jamais alcançaria noutro. Fora isso, tinha os mesmos problemas "de sempre": professores fracos, matérias difíceis, chamada, entre outros.

Para alguns, a faculdade será uma montanha-russa emocional, que inclui medo, alegria, raiva e tristeza. Para outros, poderá ser um passeio mais linear, com emoção também, mas sem tanta gritaria, pois já era esperado o trajeto. Também vai ter aqueles que se sentirão dentro de um trem fantasma, assustados com os sustos constantes. Claro que tudo isso pode estar misturado na mesma jornada, em momentos distintos. A sua experiência nunca será igual com a dos seus colegas, nem com a minha, nem com ninguém. Cada pessoa ingressa na faculdade com sua individualidade ajustada de receios e expectativas, mas que será modificada durante a jornada. É o que se espera, afinal.

Sinceramente, desejo que quanto mais você estude, menos saiba, pois indicará que está no caminho certo do aprendizado. Não sei afirmar se o Direito é "infinito", pois nunca ninguém chegou perto do fim, nem acredito que alguém chegará. Você conhecerá pessoas que não estudam ou muito pouco se dedicam, e, portanto, ficam apenas "boiando" na superfície. Quando concluir que não enxerga o fundo dos seus estudos, é porque você já mergulhou no conhecimento. É assim que me sinto todos os dias e isso serve de motivação para continuar mergulhando no oceano da sabedoria. O grande filósofo grego Sócrates disse, certa vez, que "só sei que nada sei". Ou seja, sábio é aquele que reconhece a própria ignorância e se coloca em vantagem sobre aqueles que acham que sabem de tudo. Quando mais aprendemos, mais há para se aprender.

Momento tenso: chegou o TCC!

17

Se há um momento que realmente "cai a ficha" de que a faculdade está se aproximando do final é o Trabalho de Conclusão de Curso, mais conhecido por TCC. Caso você ainda não tenha que enfrentar essa realidade, é melhor ir se acostumando com a ideia, porque um dia chegará. Assim, importa revelar, desde já, três pontos essenciais. Primeiro, como o próprio nome diz, é um trabalho e serve de avaliação final para o seu curso. Sem TCC, não há chances de formatura. É verdade que ele já foi desnecessário em outros tempos, o que não impede que possa cair, algum dia, a sua obrigatoriedade, para a felicidade geral dos alunos. Segundo, na sua grade curricular certamente tem uma disciplina própria para aprender a construí-lo. Terceiro, o trabalho de conclusão, literalmente, "dá trabalho".

Não quero aqui ensinar as regras da ABNT – Associação Brasileira de Normas Técnicas –, e que são exigíveis para a formatação do trabalho para fins de avaliação. Também não é meu objetivo ensinar as "cinquenta dicas", se é que elas existem, de como realizar o seu TCC, pois ainda não me enviaram os botões oficiais de "Quer fazer TCC, pergunte-me como!". O "Dr. Google" ajudará a encontrar tutoriais completos de como iniciar do zero e até o modo de se apresentar para uma banca julgadora. Assim, minha sincera ajuda é dar-lhe um "aperitivo" dos problemas e soluções desse período tão importante para completar a sua jornada.

Começa-se, então, pelo início, que é tão difícil quanto a sua conclusão: a escolha do tema da monografia. Sem dúvida alguma, é a primeira grande dúvida e que indicará o *norte* para o restante da caminhada. Isso não significa que não se possa tomar outras direções, caso a ideia inicial falhar. Porém, o problema se torna dramático quando as decisões são tardias a tempo de ajustar o rumo. De fato, para muitos é como pegar uma luneta pela primeira vez para ver o céu à noite e não saber para onde apontar diante da imensidão estelar.

A lógica manda decidir por um tema que seja da preferência do acadêmico; no entanto, o "óbvio" nem sempre parece ser tão óbvio assim. Desse modo, a escolha deve seguir por um processo criativo e também braçal, como fosse garimpar ouro, pois a recompensa é tal qual como fosse. Um garimpeiro começa colocando a areia ou cascalho na sua *bateia*, que é um recipiente redondo apropriado para o garimpo, e em seguida executa movimentos circulares para que as impurezas sejam descartadas. O que é mais pesado, como o ouro, acabará sendo depositado no fundo da bateia. Assim, a procura também passa por uma filtragem, iniciando por uma disciplina, avançando pelas divisões e capítulos, descartando generalidades, até encontrar o tema específico, a *pepita* valiosa do TCC.

Veja que encontrar o tema para o TCC é como um concurso de beleza. Inicia-se com um grupo grande de candidatos para tema, e a partir de critérios particulares, como o mais bonito, impactante, profundo, fácil, relevante, inquietante, atual, diferente ou tranquilo, elimina-os até chegar ao "*top 5*" e, finalmente, à coroação da "*miss tema TCC*". No entanto, não pense em achar o "tema perfeito", pois isso pode levar mais tempo do que necessário, e não deixe de chamar outros "jurados" para opinar na sua seleção, especialmente, o professor-orientador, que irá auxiliar de forma oficial pela faculdade.

É importante advertir para que não faça comparação com os temas dos seus colegas, pois sempre vai parecer que os deles são mais legais que o seu. Lembre-se que o seu TCC não tem o objetivo de salvar o mundo, além do seu, com uma tese digna de prêmio Nobel da Paz. "*Caia na real*"; por mais que haja tanta paixão pelo seu tema, o seu legado será nada mais do que a aprovação e a nota dada pela banca. Se, mesmo assim, você continuar acreditando que o seu TCC é o "filho que nunca teve", então leve-o para crescer junto no mestrado e desenvolva numa dissertação.

Outra preocupação corrente é de "esgotar o tema" no TCC. É claro que sempre haverá alunos ambiciosos, que chegarão aos seus orientadores com a convicção de que seus trabalhos serão lembrados pela eternidade, ao menos pela "Academia de Letras de TCC's" [não existe, viu?], por terem enfrentado e esmiuçado todas as questões possíveis e inimagináveis até então desconhecidas pelos juristas de renome nacional. Portanto, você tem uma preocupação a menos: não se esgota tema algum. O que importará para banca, "friamente", é se você conseguirá identificar o problema a ser respondido pela pesquisa, se os objetivos gerais e específicos são compatíveis entre si, se a justificativa para escolha do tema tem pertinência e importância, e se as hipóteses são cabíveis às perguntas geradas pelo trabalho.

Sobre a parte funcional do TCC, a sua estrutura básica é dividida em duas partes, a "externa", que é a capa e a lombada, se tiver, e a "interna". Esta, por sua vez, é recheada por três tipos de elementos: [1] os pré-textuais, [2] os textuais e [3] os pós-textuais. Nos primeiros, além das folhas obrigatórias, como de rosto, de aprovação, resumos e sumário, têm as opcionais e, entre elas, a parte que o aluno mais gosta, qual seja, a dedicatória e os agradecimentos. Aproveite bem esse momento, pois ele traz grande carga emocional. Muitas lágrimas são esperadas ao lembrar de todos aqueles que, de algum modo, acompanharam seus anos na faculdade, em especial, de quem já partiu para outro plano e não estará, fisicamente, na cerimônia de colação de grau.

Atente-se que a *dedicatória* é reservada a poucas linhas, portanto, mais restrita às homenagens. É comum que os trabalhos sejam dedicados às pessoas que se admira, como os pais, avós, irmãos, amigos, colegas e professores. Já os *agradecimentos* servem para expressar gratidão a um maior número de pessoas envolvidas com o acadêmico, mas sem exageros, pois esse texto não aumentará a nota final. Quanto aos elementos textuais do TCC, a ABNT informa que integram a monografia: a introdução, o desenvolvimento e a conclusão. Resumidamente, representam todo o resultado da sua pesquisa acadêmica.

Os elementos textuais também trazem outros que não estão nas palavras digitadas, mas nas que estão nos bastidores. Horas de sono acumuladas, os estresses com o material de consulta, as divergências ou omissões com o seu orientador, a tensão dos prazos de entrega, os feriadões à frente do monitor e entre pilhas de textos, as férias canceladas, os arrependimentos, as idas e vindas à biblioteca, adoecimentos, o término de um relacionamento, enfim, serão páginas *não* escritas pelo momento que você vivenciará. Infelizmente, há quem procure "atalhos" para evitar tais aborrecimentos.

Reconhecer numa pré-avaliação ou até na banca que o TCC foi escrito por outra pessoa ou que há plágio de textos prontos é triste demais. Sinceramente, tais riscos nunca compensaram. A exposição a um vexame desses pode estragar tudo o que foi construído até o momento. É muito mais provável ser lembrado por uma situação dessas do que pelo prêmio de melhor trabalho do semestre, quem sabe, do ano. É de longe menos complicador ser reprovado por um trabalho ruim do que ser descoberta uma mentira. Mantenha-se distante de tais tentações!

Os últimos elementos, os pós-textuais, para fechar o TCC, exigem as referências bibliográficas, ou seja, as fontes de pesquisa que foram consultadas pelo acadêmico. A lista é composta pelos nomes dos autores, de quem você tomou como suporte para o desenvolvimento da monografia, e dos respectivos títulos, observada as regras da ABNT. Nesse momento, todo cuidado sempre será pouco, porque muitos integrantes de bancas de avaliação se apegam às referências, portanto, quanto maior for a lista, mais exposto seu trabalho ficará para ser investigado. Assim, não coloque livros e autores apenas para "enfeitar" a bibliografia ou omitir aqueles que você se apropriou do brilhantismo do texto. Uma banca de avaliação é, antes de tudo, muito desconfiada e precavida.

A escolha do título da monografia é outra ciranda tensa que o aluno tem que sofrer. Por mais que o tema esteja bem claro para você, achar as palavras certas para "dar nome ao seu filho" é angustiante e isso só encerra quando imprimir a última versão do seu TCC – até lá, sempre tem algo que possa melhorar. Em geral, percebe-se que os títulos são pomposos, longos e ambiciosos. No Direito, os "engraçadinhos" ou irônicos não são ainda bem aceitos, portanto, observe esse detalhe importante. Há quem goste de "dar nome e sobrenome", ou seja, acrescentar os subtítulos. Assim, busque pelo equilíbrio da vontade de despertar interesse da banca, com a finalidade do trabalho e o problema abordado nele.

Tensão também a considerar com o TCC é a escolha (ou com a sua falta) do professor-orientador e, depois, a própria convivência com ele. Há quem escolha primeiro o orientador, por admirar a sua didática, para depois fechar o tema. Outros têm maior dificuldade, pois o tema escolhido é órfão entre as opções que se tem no quadro docente. Veja que é dever dele supervisionar o seu orientando. Há quem entenda que a interferência dele deve ser mínima para que o aluno amadureça por sua própria conta. Há também orientadores que, realmente, não têm tempo para uma atuação mais comprometida.

Os "manuais" de como escolher o orientador "certo" dizem que são necessárias duas condições básicas: [1] ter alguma afinidade com o tema, pois não adianta convidar alguém de Civil para ajudar em Penal; [2] ter alguma disponibilidade de tempo para atender e socorrer o acadêmico. Julga-se necessário esclarecer que o orientador não é "*pronto-socorro*" aberto 24 horas por dia; portanto, atente-se ao horário comercial para encaminhar dúvidas. Importa lembrar que a orientação não é a única atividade que um professor ou profissional tem na vida. Além disso, os orientadores têm vida privada e social e, ademais, nenhum TCC é tão bom ou importante para ser o "centro do universo".

Mesmo que você respeite e siga todas as regras aqui convencionadas, mas a orientação está mais para "desorientação" ou haja mais divergências do que convergências, não deixe para última hora para procurar outro professor para servir de mentor. No entanto, reitera-se que quem *faz* o TCC e tem responsabilidades com a sua conclusão e apresentação é o acadêmico. O professor, no máximo, é uma lanterna para iluminar as encruzilhadas. Não é um trabalho de "dupla", pois somente o aluno pode ser avaliado.

Então, chega-se ao final com a tão esperada (ou não) apresentação do TCC à banca examinadora que é composta pelos colegas de seu orientador. Além deles, o seu nervosismo e as cópias do trabalho rabiscadas, cheia de anotações e perguntas na mesa. A boa notícia? O tempo de apresentação é curtíssimo. A má? É que os segundos parecem horas! Só não transforme esse momento num ringue de UFC, pois a banca não é sua adversária, apesar dos golpes duros que poderá receber na sua autoestima. É essencial demonstrar humildade e disponibilidade para aceitar críticas e sugestões. Sorria quando acabar e agradeça pela oportunidade do aprendizado. Lembre-se de sorrir mais ainda, porque valeu a pena chegar a esse momento e quem tem que sair bem na foto é você!

E no caminho, tinha o Exame da OAB

18

Carlos Drummond de Andrade, grande poeta brasileiro, escreveu: "No meio do caminho tinha uma pedra. Tinha uma pedra no meio do caminho. Tinha uma pedra. No meio do caminho tinha uma pedra". O acadêmico de Direito também tem a sua pedra no caminho: o Exame de Ordem. Não que seja obrigatório realizá-lo, pois há outras direções que não exigem o seu enfrentamento, mas acaba sendo o caminho quase natural para todo bacharel em Direito. É como se culturalmente fosse mais aceito a sua realização.

Então, quais seriam estas "outras direções"? Veja que o motivo que leva grande parte dos alunos a cursar Direito é aprovação em concursos públicos. Porém, a maioria dos concursos não exige aprovação prévia na OAB. Há quem nem saiba ao certo qual carreira pública seguir, pois basta se tornar servidor público e desfrutar das suas vantagens. Nesse caso, cargos como de *analistas judiciários* ou *assessores jurídicos* têm grandes atrativos e basta ter concluído a faculdade. Há quem confunda a exigência de um período mínimo de "atividade jurídica" para ingressar em determinadas carreiras com a atividade de advocacia.

Assim, não é preciso se tornar advogado, por exemplo, para se tornar juiz ou promotor. Há outros requisitos, mas a aprovação no Exame de Ordem não é um deles. A Constituição Federal também não prevê esta exigência ao cargo de Delegado de Polícia e o STJ dispensou a aprovação na OAB para Defensoria Pública. Assim, o caminho que tem o Exame da OAB como possível "entrave" não é o único que existe. Apesar disso, há quem sinta uma "obrigação moral" ou um desafio a fazer o exame para provar a todos que também tem condições de conquistar a *carteirinha vermelha*.

Se você já decidiu enfrentá-lo, importa conhecer um pouco sobre uma edição do Exame de Ordem. Ela é dividida em duas fases, sendo que a primeira traz uma prova objetiva de múltipla escolha, que exige o acerto de *cinquenta por cento* do total para seguir para a próxima a ser realizada em outra data. A segunda fase é uma prova prático-profissional que compreende a redação de uma peça profissional, sob a forma de situações-problema, e a resolução de questões discursivas. Será considerado aprovado quem acertar igual ou superior a *sessenta por cento* dela.

Superada essas noções básicas, importa responder: afinal, quando se iniciam os estudos para OAB? Alguns acreditam que desde que colocam os pés na faculdade; outros, somente a partir da inscrição para o exame. Nem um, nem outro. Pode parecer estranho para você, mas a graduação de Direito não é um curso preparatório extensivo para ser aprovado no Exame da OAB nem em concursos públicos. A formação jurídica é mais rica do que aprender a acertar questões objetivas, mesmo que as provas da faculdade possam adotar estes modelos.

A preocupação essencial deve ser com a qualidade do seu aprendizado, pois os efeitos colaterais positivos dele tornarão a sua missão de aprovação mais fácil de ser cumprida. Também não é prudente se preocupar somente a partir da publicação do edital da OAB, visto que o prazo para estudar até a prova pode ser insuficiente. Diante desse impasse, a solução é conviver, pacificamente, com o fato de que um dia você irá prestar o exame e não deixar para estudar somente na última hora. Independentemente do seu semestre agora, após terminar a leitura deste capítulo, peça ajuda ao "Dr. Google" e procure a última prova aplicada para, ao menos, passar os olhos. É melhor do que eu tentar desenhar aqui a importância que o exame pode assumir na sua vida.

Pergunta-se muito sobre o perfil de quem acaba sendo aprovado na OAB, apesar de ouvir muito que "basta estudar". Se você leu o capítulo sobre concursos, saberá dizer que não é a quantidade de horas estudadas que define uma aprovação, portanto, não é "quem estuda muito". Aprova quem estuda certo. Costumo dizer que a eficiência comanda a lista de aprovados. Não adianta, assim, ler todo o Código Civil, que tem mais de dois mil artigos, e acreditar que fez algo extraordinário. Diria eu, fez algo muito entediante e sem propósito.

Então, o que seria, afinal, "estudar certo"? Estudar para provas de concursos e para OAB tem muitas coincidências, entre elas, as técnicas de estudos. Resolver provas anteriores é uma delas, além de ter a eficiência comprovada pela ciência. Não oferece só uma forma de autoavaliação, mas permite mostrar direção e sentido. Diferente dos editais de concursos, o da OAB não indica o conteúdo programático para *primeira fase*, somente para *segunda*. Diante desse contexto, torna-se mais importante ainda a resolução de exames anteriores para identificar o conteúdo cobrado, o número de questões por disciplina, além dos temas mais visados pela banca. Os livros de questões comentadas são perfeitos para ajudar nessa tarefa.

Estudar certo também exige uma agenda ou cronograma para organizar o que estudar semanalmente – e isso gera comprometimento. É como assinar um contrato com a sua consciência: a cada falta contratual, a multa é o sentimento de culpa por não ter estudado o prometido. Inclua nesse pacote o material adequado para estudar. Espero que você não abra seus cadernos para se preparar para prova da OAB. Em 1997, eu não tinha outra opção, pois não existiam livros especializados para o Exame de Ordem. Ademais, a prova mudou muito e ficou bem mais complexa. Assim, indico obras que trazem todas as disciplinas reunidas no mesmo volume e facilitam muito os estudos.

Perguntam muito sobre como iniciar os estudos, pois é fácil se perder diante de tanto conteúdo para aprender. Veja que um engenheiro, quando contratado para construir uma estrada, a primeira coisa que faz é conhecer o terreno no qual colocará o asfalto. Sem fazer uma avaliação detalhada do tipo de dificuldade que enfrentará durante a execução do projeto, ele nem coloca as máquinas para trabalhar. Do mesmo modo, o acadêmico, antes de abrir os livros e investir num preparatório, precisará conhecer o seu terreno: a prova da OAB.

Recomenda-se, nesse sentido, pegar a última prova aplicada e resolvê-la. Abra uma planilha com uma coluna vertical com o nome das disciplinas em cada linha, uma coluna com acertos e outra com erros. Após finalizar a prova, corrija e preencha as colunas. Tais dados indicarão como são os "trechos" da sua estrada. Por exemplo, se Direito Constitucional teve mais erros do que acertos, significa que precisará de mais esforços do que outra disciplina que teve bons resultados. Caso ainda haja hesitação sobre o teste, resolva a penúltima prova e tantas outras que precisar para firmar a convicção.

Bastante frequente é a dúvida sobre qual fase, entre as duas, é a mais difícil. De acordo com os percentuais oficiais de aprovação, a *primeira fase* é mais dura com os acadêmicos. É possível acreditar que pela expressiva quantidade de disciplinas para estudar e diante a falta de tempo, os resultados são piores. Já na *segunda fase*, além da possibilidade de escolher o "inimigo" para lutar, o *vade mecum* é um ótimo aliado para a última batalha. Ademais, a maioria acaba investindo num curso preparatório, seja por falta de experiência prática, seja por acreditar que agora vale a pena.

Veja que a disciplina "mais fácil" ou aquela que tem "menos" peças ou conteúdo podem não servir para você na *segunda fase*. Nem aquelas que mais aprovam. Mesmo assim, há quem prefira ignorar o que o coração manda e seguir, simplesmente, a opinião de terceiros, só por que funcionou para eles ou pela indicação dos professores que detêm controle das próprias disciplinas. A falta de experiência não é determinante para excluir, mas, se já tem prática, considere muito essa qualidade. Comece eliminando as matérias que não tem qualquer apreço. Restará aquelas que tem alguma qualidade ou não despertam alguma repulsa. Examine as últimas provas de cada uma delas e verifique com quais ficaria mais à vontade para estudar. Depois de tudo isso, de sobrar apenas duas, qualquer uma delas servirá.

A parte emocional, como você já sabe, é indispensável para uma preparação completa. Para OAB não seria diferente. Importa destacar que há uma falsa percepção que o exame é mais fácil passar do que em concursos públicos. Acredita-se pelo fato de do Exame de Ordem não ter concorrência. Primeiro, ele nunca foi nem será fácil. Aliás, muitos professores comparam o grau de dificuldade com as provas de concursos e consideram o Exame da Ordem mais exigente. Segundo, para os concurseiros experientes e bem informados, a concorrência não é o fator preponderante que decidirá ou não a aprovação – no máximo, interferirá na classificação final. O principal concorrente eles enxergam na própria imagem no espelho. Não é o mesmo que se passa na OAB?

A situação emocional é até mais complexa do que do concurseiro. Veja que as pessoas enxergam a aprovação na OAB como sendo uma "etapa obrigatória", sem tolerância para desistência nem para reprovações. Acreditam que o exame seria uma avaliação final do período universitário. Portanto, se estudou e frequentou por tantos anos a faculdade, teria a obrigação de alcançar a aprovação. Por outro lado, a favor dos concurseiros, a reprovação faz parte da caminhada e leva algum tempo. Então, é inegável que as pressões psicológicas são pesadas para o *oabeiro* carregar.

Imagine-se na seguinte situação. Você faz estágio no escritório de seus sonhos e o sócio já o convidou para seguir com ele depois da aprovação na OAB. Então, vem o exame e todas as expectativas, mas o resultado esperado não aparece. Tenta de novo e, por uma única questão, reprova. Mais outra, e nada. O clima já não é mais o mesmo, pois a vergonha embaraça suas relações e a pressão só aumenta junto com a ansiedade de superar esse momento. Enquanto isso, os colegas de estágio começam a passar na prova e a vaga no escritório tende a desaparecer. Difícil, não é?

Sinceramente, não sei quantas vezes foi o recorde de provas até alguém ser aprovado, mas a imprensa, certa vez, divulgou a história de um bacharel que fez mais de *vinte vezes* até se tornar advogado! Analisando os números oficiais do Exame de Ordem, conclui-se que quanto mais se faz a prova, menor são as chances de aprovação. Portanto, não há dúvidas do abalo emocional que a prova da OAB causa em muitos dos nossos acadêmicos. Enquanto no concurso público ganha-se experiência, na OAB, perde-se as esperanças.

O Exame de Ordem é uma pedra no caminho? Sim, mas nunca duvidei da capacidade dos meus alunos e leitores em removê-la com sucesso! A partir da minha experiência com preparação para provas e exames, aprendi que todos – você e eu, inclusive – têm o que denomino de "Poder da Aprovação". Não se preocupe, ele é um poder inato e que move até montanhas. No entanto, é preciso despertá-lo. O primeiro passo é acreditar nessa força incrível que carregamos. O segundo é levar sempre em equilíbrio os dois lados, o cognitivo e o emocional. E o último é buscar constantemente o autoconhecimento. Se alguns são aprovados antes do que outros, é porque despertaram antes esse poder.

O que você levará da faculdade, afinal

19

"Viva, a vida é uma festa!". Talvez você já tenha visto esta frase em outro contexto, mas ela acabou ficando conhecida como o título em português de uma linda animação, *Coco*. Nela, tem-se contato com a cultura mexicana sobre a morte, que é bem diferente da nossa. A reflexão que ela deixa é bem clara: o que levamos da vida, afinal? Em geral, acredito na realização de sonhos, nas memórias que deixaremos de lembrança da nossa passagem neste plano terrestre. Então, nossa experiência universitária está inserida nesse contexto. Além do aprendizado, o que você levará da faculdade? Feche os olhos e pense em tudo que não seja apenas leis, teoria e prática.

Provavelmente, para aqueles que estão no último ano do curso, ao abrirem os olhos, se alguns arrependimentos estavam debaixo do tapete da consciência, eles serão varridos para fora. Sentimentos como deveria "ter levado mais a sério a faculdade", "ter feito mais amizades", "ter estressado menos", "ter reclamado menos" e "ter sido mais feliz" resumem muito essa reflexão. Destaco-os pois servem de alerta para quem ainda deseja fazer ajustes de percurso e não se deu conta do que vem acumulando (ou deixando para trás). Lembre-se que não serão *cinco meses*, mas, no mínimo, *cinco anos* de histórias para contar. Quais histórias você contará?

É aconselhável que esse exame de consciência seja parcelado a cada final de semestre, para que não fique acumulado todos os arrependimentos às vésperas da formatura. As prestações serão mais suaves e sobrará tempo para fazer novos investimentos. No entanto, adverte-se que toda e qualquer promessa para uma vida universitária com mais sentido e valor não pode acabar na "caixa de resoluções de ano novo", como perder peso, conseguir um emprego ou estágio, apaixonar-se, deixar de fumar ou beber menos. É como diz um provérbio chinês: "Há três coisas na vida que nunca voltam atrás: a flecha lançada, a palavra pronunciada e a oportunidade perdida".

Deixar de aproveitar os momentos extraclasses que a faculdade oportuniza é uma experiência perdida. Como você deve imaginar, dependendo da turma, é comum a realização de festas e confraternizações entre os colegas. Caso sua turma ainda seja tímida, faça frente ou incentive os colegas mais próximos a reunir a todos. Fala-se em "vida universitária" para que seja realmente vivida. Quais recordações você terá dessa época sem, necessariamente, ser os estudos? Ademais, situações vivenciadas por mais de uma pessoa têm mais chances de serem relembradas do que aquelas solitárias. Veja que até hoje mantenho o hábito de encontrar meus ex-colegas que se tornaram grandes amigos e eles são essenciais para manter acesa a chama da minha faculdade, mais de duas décadas concluída.

Cabe ressaltar que a vida universitária não é uma época só de estudar para provas, apresentar trabalhos e responder a chamada. Há uma rica dimensão social que precisa ser explorada pelo acadêmico. Lembre-se que, apesar do universo jurídico ser infinito, a órbita das relações entre profissionais de Direito não acompanha toda essa imensidão, parecendo que todo mundo já se conhece de algum lugar. Qual seria, em especial? A faculdade! É nela que ganha voo os primeiros contatos, os primeiros esbarrões nos corredores, as primeiras amizades e parcerias. Há um alto risco de os alunos encontrarem a "grande paixão", mas se não acharem, ao menos está cheio de *crushes* circulando pelo curso.

Não sei se você percebeu, mas a faculdade não é uma corrida de *cem metros rasos*, que a linha de chegada está a menos de *dez segundos* e que a vida passa num piscar de olhos. Ao contrário, é uma longa maratona com mais de *quarenta e dois quilômetros*, uma jornada

153

e tanto, capaz do aluno viver e enfrentar muitos momentos diferentes. Há trajetos que se tem a mente concentrada, outros, nem tanto, porque o cansaço e as condições do ambiente atrapalham muito. A confiança também oscila; às vezes, há certeza absoluta que finalizará o percurso, noutras, desconfia-se da própria capacidade. Focar-se no objetivo é alimentar a motivação para concluir a jornada.

Não esqueça que quem poderá correr com suas pernas somente pode ser você! A mesma mão, que poucos estendem para ajudar, é a que muitos apontarão seus erros e fracassos. Sendo assim, você será alvo de muitas interferências. Haverá pessoas de boa fé que pensarão que estão ajudando, mas só irão atrapalhar os seus planos e estudos. Influências negativas, pressões e críticas contumazes são comuns. Por exemplo, tive aluno que se queixava dos colegas de trabalho, pois eles reclamavam que a faculdade dele atrapalhava o rendimento do negócio. Outra aluna vivia triste porque o marido implicava que ela não tinha mais tempo para ele.

O paradoxal de tudo isso é que, entre críticos e apoiadores, todos estarão reunidos na comemoração da sua formatura. Meu conselho sempre foi (e será) de reflexão sobre se vale a pena "comprar a briga" ou desprezar, mas precisa ser por completo. Sabe aquela expressão "entrar por um ouvido e sair pelo outro"? A vida é uma festa, não é? Haverá sempre convidados indesejados e penetras na festa. Particularmente, prefiro ignorá-los e seguir com o espirito em *paz*. É sábia aquela lição, de inspiração bíblica, que "quem planta vento colhe tempestade". Portanto, é melhor não plantar "vento" para não precisar, depois, colher "tempestade".

Importa destacar que não é meu objetivo assumir a "voz da consciência", muito menos o papel de *grilo falante*, o célebre companheiro sábio e moral de Pinóquio. Porém, é necessária a advertência para não haver arrependimentos depois da "flecha lançada", pois ela nunca volta atrás. Siga seus princípios e tenha honestidade com seus sentimentos. Rejeite rótulos ou ignore-os, para não tornar as "profecias" dos outros autorrealizáveis. De fato, o acadêmico de Direito é um dos alunos de curso superior mais estereotipados da face da

Terra, para o bem e para o mal. Prefira o autoconhecimento para ajustar a sua rota, ele é o melhor GPS que poderíamos ter.

Desejo, como *anfitrião*, que sua "estadia" no curso de Direito seja a melhor possível, pois dela levamos uma experiência única e especial. Não importa se ele não seja o seu primeiro curso de graduação, mas será diferente. Nem sempre é perfeito, mas é melhor que não seja, pois aprender nas imperfeições é mais enriquecedor e produtivo. Aproveite o máximo que puder os benefícios e oportunidades do curso. Há quem prefira ficar trancado no quarto com as janelas fechadas ao invés de aproveitar todo um *resort*. Não seja essa pessoa na faculdade.

Recomendo também que não julgue errada a lição que "a vida é uma festa", como uma vida sem sentido, descompromissada, sem limites ou só de excessos, como muita gente acredita que seja uma "festa". Festa, na verdade, representa celebração e, portanto, alegria. Vitórias e conquistas são celebradas. Por que os aniversários são comemorados mesmo com uma pequena *festa*? Para lembrarmos que estamos mais um ano vivos! Existe motivação melhor do que celebrarmos a vida? Pergunte a quem tem uma doença terminal sobre o significado da vida e será a melhor lição que terá nos últimos anos.

Relaxe e curta os momentos que a vida universitária oferece. Claro, *festeje com moderação*, pois as provas e os trabalhos sempre são urgentes e exigem sobriedade para realizá-los. Confesso que exagerei um pouco no último ano do curso, quando justamente há mais atividades para se preocupar, como TCC e estudar para prova da OAB. No entanto, tenho *três teses* para o aumento gradativo de festas próximo ao fim do curso. A primeira, é para superar o que tudo de "ruim" aconteceu até o momento e pelo término das avaliações que se avizinha. A segunda, é o sentimento de dispersão geral dos colegas, que, depois de um longo período de convivência, perderão o contato quase diário. E, por fim, é para arrecadar fundos para a celebração da colação de grau.

O último ano na faculdade é potencializado de emoções e sentimento diversos. É como subir o edifício mais alto do mundo: você sabe que subiu de elevador, até pode lembrar do interior dele e sentir a velocidade rápida, mas é a vista do último andar que fixará grande parte das suas memórias. Apenas para exemplificar, tem o trabalho de conclusão, as provas finais, quem sabe, o exame da OAB, o início das despedidas, os preparativos para formatura e receptivos, e as expectativas envolvidas com o diploma em Direito. Realmente, os dois últimos semestres acabam sendo intensos. O conselho é: não surte!

Viva também este momento único que a faculdade oferece como "bônus". Para quem nunca participou da formatura de amigos, colegas e familiares, o ritual é mais ou menos assim: uma cerimônia coletiva de entrega dos canudos, seguida de uma recepção individual do bacharel e, por fim, todos acabam se encontrando no baile de formatura. Há algumas variações nesse roteiro. Assim, ao invés de optar pela solenidade coletiva, o acadêmico pode optar pela "formatura em gabinete" e que, na maioria das vezes, é apenas a assinatura do termo de colação de grau. Já o baile de formatura do Direito, que em tempos de outrora era obrigatório, não tem sido tão frequente nos dias atuais.

Exerça o seu direito de ser feliz e quando tentarem subtraí-lo, defenda-o com todos os instrumentos que forem necessários, mesmo que não existam em manuais, como o *habeas felicitatem*. Colecione amizades, memórias boas, gratidão, aprenda com os erros para não repeti-los. Opte pela generosidade, construa fortalezas não para se proteger, mas para fortificar suas qualidades e realizar seus sonhos. Não viva sempre com as armas emocionais engatilhadas, para não se ferir acidentalmente. Não permita que a ignorância seja munição, pois ela falha mais que você imagina. Desconfie das facilidades demais. Os rótulos sempre existirão e eles não definem ninguém. Acredite na recompensa de seus esforços. Tenha Fé. Viva bem. Aprenda. Divirta-se. Amém!

Me formei, e agora?

20

Você já deve ter ouvido que alguns ciclos precisam ser encerrados para iniciar novos – e a graduação é um deles. Há quem postergue ao máximo esse período com o risco de se tornar um aluno jubilado. Outros, vivem na ansiedade de terminar logo o que começaram. Mas tudo tem o seu tempo, não é? Ninguém poderá lhe dizer se atrasou ou não a jornada, a não ser você! É como diz a canção do *Cidade Negra*: "Você não sabe o quanto eu caminhei/ Pra chegar até aqui/ Percorri milhas e milhas antes de dormir/ Eu nem cochilei". Nem a maior festa de formatura do mundo, nem todas as lágrimas de alegria representarão a sua vitória. Tenha certeza disso.

É necessário este *spoiler*, mas ficamos embriagados de felicidade durante algum tempo e anestesiados após o término dos compromissos com o curso. Tem gente que sofrerá de "sonambulismo universitário", acordando dentro da faculdade sem saber como chegou até lá. Se possível, aproveite e tire umas férias. Visite quem você se afastou em razão das tarefas da graduação, especialmente se for a família. Cumpra suas promessas deixadas para depois do término do curso, pois agora não restam mais desculpas. Para outros bacharéis, haverá uma sensação de luto, pois estavam muito apegados à vida universitária e, assim, terão que lidar com a sua ausência. Aceitar o fim é o primeiro passo para superar o desconforto da perda. O show precisa continuar.

Com os dias que seguem, muitos nem perceberão uma mudança radical da formatura. A urgência com a preparação para concursos públicos ou Exame de Ordem, da corrida por uma vaga de emprego ou mesmo com as atividades corriqueiras do trabalho não permitirá sentir os efeitos que outros sentem. Não podemos esquecer daqueles que cursaram Direito sem qualquer outro objetivo a não ser realizar um sonho antigo. A preocupação será achar uma moldura bonita para pendurar o diploma na parede e aguardar, ansiosamente, pelas fotos da cerimônia. Todo mundo seguirá o seu próprio destino como *bacharéis* em Direito. Você tem uma ideia de qual será o seu?

O primeiro capítulo deste livro trata de vocações ou da ausência delas. Nem todos têm uma missão clara dentro do Direito. Decidir por ele já não é fácil, imagina escolher uma das tantas portas que oferece! Tem gente que diz que "nasceu" para advogar, julgar, defender, acusar, prender ou soltar. Lamento, mas eu nasci para ter dúvidas. Ingressei na faculdade com mais dúvidas do que certezas, porém, mantive intacta a única convicção que tinha: que as "coisas se acertariam algum dia". O problema é esperar até chegar esse "dia". Veja que a vida acadêmica foi a última coisa que me aconteceu, depois de ter sido concursado, advogado e empresário.

A melhor lição que tirei disso foi que quanto mais cedo enfrentar as dúvidas vocacionais, melhor, pois mais tempo você terá para se adaptar e ajustar às mudanças que a vida lhe impõe. Por exemplo, se o seu desejo é advogar, invista em estágios em escritórios o quanto antes para se certificar se é a melhor escolha. O problema é não saber para onde ir, pois, nesse caso, qualquer caminho servirá. Em *Alice no País das Maravilhas*, Lewis Carroll ensina, quando do encontro da protagonista e o gato Cheshire: *"Poderia me dizer, por favor, que caminho devo tomar para sair daqui? – diz Alice. Isso depende bastante de onde você quer chegar, disse o Gato. O lugar não importa muito...*, disse Alice. *Então não importa o caminho que você vai tomar*, disse o Gato".

Muitos prestarão concursos para seguir carreiras públicas. Ocorre que grande parte só quer passar num concurso, o que estiver mais "em conta". Assim, todos os concursos estarão no alvo e o erro está, justamente, no foco (ou na falta dele). Como você deve imaginar, o Direito é um universo de conteúdos e matérias. Cada carreira tem as suas próprias características e que refletem na seleção. Por exemplo, se a intenção é seguir as carreiras policiais, o Direito Penal será a grande estrela no processo seletivo. Outras, nem sabem que ele existe. Agora reflita se é possível abraçar tantas galáxias ao mesmo tempo. Não é impossível, mas a distância para conquistá-las será de centenas de milhões de anos-luz.

Portanto, quanto mais direção tiver os estudos do concurseiro, mais próximo estará na condição de concursado. Definir o objetivo também passa por algumas colocações. Suas escolhas estarão baseadas para agradar a família, ou pesarão o mercado de trabalho, as funções que serão exercidas ou, exclusivamente, a remuneração? Muitos têm medo, timidez ou receio de expressar o que desejam, sob risco de serem rotulados como pretensiosos demais e terem, consequentemente, os sonhos menosprezados. Lembre-se: somos os únicos donos da régua que nos mede. Reconheça o seu valor. Sonhar pequeno e sonhar grande não dá o mesmo trabalho? Então, melhor perguntar-se em que cargo gostaria de se aposentar e avaliar se vale a pena pagar o preço. Querer é poder adormecido; agir é poder acordado.

Hoje é bem comum o bacharel emendar uma pós-graduação logo após a conclusão do seu curso, em especial se ele desejar advogar e está sendo contratado por algum escritório. Como é possível imaginar, incrementa qualquer currículo que tenha apenas o bacharelado como única formação acadêmica. Se esse é o seu desejo e for financeiramente possível, recomenda-se aproveitar o embalo do término da faculdade. Há quem prefira deixar para depois de um merecido descanso, mas só não avisaram que o Direito nunca dorme. Mesmo para os concurseiros, uma especialização conta como "título" e interfere, diretamente, na ordem de classificação.

A boa notícia é que a oferta de cursos de pós-graduação é imensa e há opções para todos os gostos, tanto na modalidade EaD, como presencial. Esclarece-se que o certificado de conclusão não distingue o modo que foi realizado, pois há quem diga que os cursos presenciais têm "maior valor", o que não é verdade. Maior valor será o resultado da dedicação e comprometimento com eles. Considere a escolha do curso ou da instituição educacional, observando as expectativas profissionais, a afinidade com a matéria e por indicações seguras de quem já concluiu. Observe, ainda, as tendências do mercado jurídico e de quais profissionais ele necessita (e está em falta).

Além da pós-graduação *lato sensu*, isto é, as especializações em geral, oferta-se a opção da *strictu sensu*, da qual o mestrado e o doutorado fazem parte. Quando colei grau na graduação, o mestrado era para poucos e procurado apenas para quem iria se dedicar à vida acadêmica. Em razão disso e do que escrevi anteriormente, preferi fazer uma especialização em Direito Empresarial, que ainda era novidade na época. O mestrado somente fez sentido para a minha realidade quando decidi que gostaria de me dedicar pelos próximos anos. Nos dias de hoje, a percepção de realizar um mestrado e doutorado é pouco diferente, pois cada vez mais profissionais que não desejam se tornar professores os procuram para realização pessoal e profissional.

Portanto, se você tinha receio de esvaziar sua agenda de compromissos depois da faculdade, o Direito não irá permitir! Em geral, os cursos de especialização têm cerca de *um ano* de duração, o mestrado, *dois anos* e o doutorado, *quatro anos*. Assim, você precisará de tempo, mais uma vez, para assumir tantas responsabilidades. Há quem festeje, ao final da graduação, que se "livraram" da sombra dos professores. Como pode perceber, não é tão fácil se livrar dos professores nem dos autores de livros – e eu me incluo em ambas as categorias!

É *nesse* momento do "e agora?" que aproveito para indicar uma livraria mais próxima dos meus alunos. O Direito é demais dinâmico, não é por outro motivo, que há tantos títulos jurídicos novos lançados todo mês. A maioria chega ao final do curso com as prateleiras tímidas de livros, preenchidas mais por porta-retratos ou enfeites. Interrompa a leitura e veja como estão as suas. Qualquer rumo a ser tomado, concursos, pós-graduações ou a própria advocacia exigem atualização permanente e as leituras não podem esperar. Então, se esperou até a formatura para investir em livros, não há outro momento mais oportuno que esse!

Dirão que a pressa é inimiga da perfeição, mas o que mais exigem da gente é, justamente, pressa. Você já passou na OAB? Já passou num concurso? Já ficou rico? Já abriu o seu escritório? Já casou? Já tem filhos? Já tem pós? A impressão é que o mundo inteiro virou *fitness* e a vida não passa de uma grande corrida contra o tempo. Não deixe que isso atrapalhe seus objetivos, porque eles têm o seu próprio ritmo. Você também não precisa, nem deve acompanhar o tempo dos outros. Alunos que saíram da faculdade direto para o mestrado, mas que nunca entregaram a dissertação. Outros foram aprovados em concursos, porém, logo desistiram por incompatibilidade. Casos que validam que a pressão do sucesso imediato tem efeitos colaterais.

Finalmente, caso você queira "mudar os ares", sinta-se à vontade para arriscar. O fato de se formar em Direito não impede que se experimente outros caminhos. Não cabe a ninguém julgar as nossas paixões ou dar a palavra final a respeito; no máximo, opinar ou ponderar riscos e vantagens. Conviver com o "e se" sem ter agido ou, ao menos, tentado, é uma dor que se leva junto para o leito de morte. O que importa, afinal, é viver uma felicidade duradoura e não apenas fugaz. Ouça o seu coração, mas também preste atenção na razão, porque nem toda paixão é correspondida.

Me formei, e agora?

Certo dia, Aristóteles, um grande filósofo grego, na sua gigantesca sabedoria, afirmou: "Há apenas uma maneira de evitar críticas: não faça nada, não diga nada, e não seja nada".

Nos vemos pela vida.

APÊNDICE

Capítulo ao infinito e além – A pandemia, a faculdade & o Direito

Na última semana de fevereiro de 2020, o Ministério da Saúde confirmou o primeiro caso de Covid-19 no Brasil. Depois, vivemos o que eu e você já sabemos: sob constante adaptações. Este capítulo extra só foi possível porque este livro ainda não tinha sido publicado e por ser um fato difícil de ser ignorado, mesmo que toda pandemia que já existiu teve um fim algum dia. As provações existem para serem superadas – guerras, catástrofes e pandemias, por exemplo. A história da humanidade não deixa dúvidas que somos seres com alto grau de adaptabilidade.

Este texto trata disso; não só como um registro de um passado incomum, mas como uma fonte de aprendizado de quem viveu esse período. Então, a primeira boa notícia é: os cursos de graduação não terminaram. Talvez a maioria estava na torcida de que, ao menos, as provas e trabalhos de grupos fossem eliminadas nesse contexto, mas não acontecerá tão cedo. Não dessa vez, mas não garanto, quando os *zumbis* forem a maioria, que as avaliações continuem sendo necessárias. Grande parte das instituições se adaptou com as ferramentas que tinha (e não tinha), para que seus alunos continuassem com suas aulas na segurança de suas residências.

No entanto, nem todos os alunos *curtiram* muito esta modalidade de ensino a distância imposta da noite para o dia. Como o Direito era um dos únicos cursos, junto com algumas da área da saúde, a se manter, essencialmente, presencial, houve uma resistência emocional imediata dos alunos e professores. O distanciamento social forçou uma nova realidade educacional, que tem as suas vantagens, mas sofre um pouco da falta de calor humano. Os corredores de classes da sala de aula se tornaram pequenas janelas virtuais na tela, criadas por aplicativos como Zoom ou Google Meet, criando um ambiente mais impessoal. Por exemplo, o "calem a boca, por favor" ou "shhhhhhh" foram substituídos pela formalidade do "tem microfone aberto".

Por outro lado, assistir de casa a aula tem suas vantagens. A primeira é não precisar se deslocar até a faculdade, mas perde-se a desculpa de chegar atrasado com o "trânsito estava horrível" ou "não tinha vaga no estacionamento". Mas o universitário se adapta fácil e aprende que o atraso pode ser pela "internet estava lenta" ou "o link não estava funcionando". A segunda é que nem sempre é exigida a "câmera ligada", assim, acorda na hora da aula, conecta-se a ela, põem uma imagem sua e volta a dormir. Não que isso não acontecesse nas aulas presenciais, mas agora ficou institucionalizado que a presença é apenas material, não, necessariamente, espiritual. O problema é quando o professor direciona uma pergunta *ao vivo* e fica sem resposta. Talvez algum colega socorra sugerindo que o ausente foi no banheiro.

A terceira vantagem diz respeito aos trabalhos de grupos *virtuais*. Se antes era um problema a convivência com determinados integrantes durante as reuniões ou debates, a distância passa a impor o mínimo contato possível. A divisão de tarefas se tornou o único *modus operandi*. Por fim, muitos alunos ficaram extasiados em resolver as provas em casa. Foi um convite oficial para que elas fossem resolvidas em dupla junto com o "Dr. Google". Mesmo assim, muitos relatos de professores apontam que seus alunos foram reprovados por notas ruins. Pode ser que o "Dr. Google" não tenha estudado, suficientemente, vai saber!

Há quem acreditasse que o MEC poderia cancelar os trabalhos de conclusão em razão da falta de segurança para apresentá-los junto às bancas. Porém, os TCC's continuaram no seu fluxo normal e as defesas também foram virtuais, o que tranquilizou quem tem dificuldades com a timidez, pois apresentar de um local familiar torna mais encorajador a tarefa. Inclusive as formaturas precisaram se adaptar; elas que não deixaram de serem realizadas, porém, ocorreram de forma on-line. Quando foi possível, além dos formandos, outras pessoas foram convidadas a prestigiar a mesma sessão virtual.

Como pode perceber, o tempo não parou. Cazuza já cantava *"Eu vejo o futuro repetir o passado/ Eu vejo um museu de grandes novidades/ O tempo não para"*. No entanto, nem todas as pessoa têm a mesma reação diante das adversidades. O medo pode levar a fugir, enfrentar ou paralisar diante da ameaça. A pior resposta é paralisar, pois nesse caso ele consome todas as forças da pessoa por falta de atitude. Certamente, muitos abandonos da faculdade ocorreram em razão disso, de pessoas que não insistiram na adaptação ao modo on-line. Outras mantiveram suas matrículas, mas o ruído das próprias reclamações era tão alto que o aprendizado ficou totalmente prejudicado. Não é o caso de quem desejava continuar, mas a falta de perspectiva financeira para manter o curso foi decisivo em interrompê-lo.

O Direito não socorre aos que dormem, como também não cochila quando lhe é mais exigido, mesmo diante de tribunais e fóruns fechados ao acesso público. Veja que as relações negociais foram muito atingidas pela pandemia, não só empresariais como também trabalhistas. Praticamente, toda relação contratual sofreu com o impacto de medidas emergenciais. Em muitos casos, somente foi possível renegociar com a interferência de advogados pelas partes; em outros, a quebra contratual acabou sendo inevitável, com a devida defesa e proteção. A própria legislação precisou ser modificada ou criada para evitar maiores conflitos ou injustiças. Foram lançados, inclusive, diversos *"Vade Mecum Covid-19"*, trazendo coletâneas de leis, decretos e medidas provisórias publicadas nesse período de transição.

Diversas publicações de profissionais do Direito também ganharam espaço para dimensionar os direitos e deveres em tempos de instabilidade jurídica e muitas outras ainda serão produzidas para ajudar na regulação da pós-pandemia. Durante esse tempo, as audiências e as sessões acabaram voltando, de forma on-line, o que foi desafiador para muitos, principalmente em lidar com a câmera e o microfone. Entre cenas engraçadas e constrangedoras, gente que dormiu durante a transmissão, que falou palavrões ou grosserias, com roupas inapropriadas para formalidade da ocasião, além da graça da interrupção de crianças ou *pets* de estimação.

De fato, aprendemos que é possível se adaptar. É claro que alguns levam mais tempo do que outros, mas lamento por aqueles que, simplesmente, desistiram de tentar. Por outro lado, há quem enxergou uma oportunidade para refletir melhor a sua relação com o Direito que já poderia estar "morna", sem mais paixão ou só despertava emoções "ruins". É verdade que os próprios divórcios cresceram muito nos primeiros meses, em razão de uma superexposição íntima de uma convivência *24 horas* por dia, dando bastante trabalho aos advogados de família. Assim, muita gente encontrou um momento para se "divorciar" ou se "aposentar" do Direito e seguir o rumo que fosse mais coerente com os seus ensejos. Os japoneses têm uma palavra para quem deixou algo para trás para ser livre com o que lhe faz sentido, *datsusara*.

É comum que situações de grande impacto tragam uma pausa para se recompor e é justamente nelas que decisões importantes acabam sendo tomadas. A perda, qualquer que seja, é um exemplo. Mesmo que a única perda tenho sido a "normalidade" já é suficiente para reflexões. Apenas é preciso ter cuidado com o "calor do momento", pois ele pode influenciar, emocionalmente, qualquer decisão e ela se tornar um grande arrependimento depois. Como muitos, identifiquei que vivemos três períodos distintos. O primeiro é "a ficha não caiu". Queremos seguir adiante fazendo tudo como nada tivesse acontecido, até como uma forma negacionista. O segundo, vem o "luto" e, portanto, a realidade nos dá um "tapa na cara" para viver o que está no presente e a tristeza toma conta. E, por fim, o despertar de que a vida continua e precisamos nos adaptar ao "novo normal", como muitos enfatizaram.

Não sei se é a melhor expressão, pois nem os psicólogos se atrevem a dividir quem é ou não é "normal", visto que é um conceito que sofre mudanças rápidas e constantes com o tempo, tal como a moda. Por exemplo, era "normal" usar perucas nos séculos XVII e XVIII. É provável que num futuro não tão distante, ao examinarem esta época, achem estranho usarmos máscaras das mais coloridas e estampadas possíveis. Veja que era "normal" as mulheres não terem direito a votar no Brasil até o início da década de 1930 e elas ainda são, infelizmente, vítimas de violência doméstica.

Sigo acreditando que precisamos estar sempre atentos aos ajustes que a vida nos impõe, como o marinheiro experiente que ajusta as velas do seu barco conforme os ventos e a maré. Ele não controla como a natureza precisa se manifestar, mas sabe quais recursos que tem em mãos para fazer o que tem de ser feito. Também não temos controle de tantas coisas que gostaríamos, mas não podemos ficar resignados e deixar que a "maré" decida nosso destino. Nunca pareceu tão relevante e propícia a minha lição de que importa é *saber controlar o que pode controlar, o resto deixa passar.*

Afastar-se de um futuro que pode ser incerto é um ótimo remédio para controlar a ansiedade. Por exemplo, cheguei acompanhar as notícias sobre a corrida das vacinas, mas como não tinha qualquer envolvimento com elas, portanto, qualquer controle de quando seriam testadas ou produzidas, abstive-me de sofrer com isso. Aproveitei essa energia e canalizei para os meus projetos no presente, além de garantir a segurança da minha família. Parece ser tão simples, no entanto, estamos sempre querendo controlar tudo e a todos, e a frustração de algo impossível resulta numa ansiedade duradoura e indesejada.

Não tenho bola de cristal para prever, exatamente, muitas coisas que ainda acontecerão com o reflexo da pandemia, mas de uma tenho total certeza, pois várias pessoas, inclusive eu, já estamos praticando desde então o "olhar para dentro de si". Sonhos que eram guardados para algum dia serem realizados, especialmente, por falta de tempo, começaram a ser retirados do cofre, por que a vida é mais urgente. Perdas próximas em razão da pandemia influenciaram muitos a repensar os seus propósitos e a enxergarem que o "depois" pode nunca vir. Vivemos procrastinando tantos desejos que importam para nós, realmente, para nos ocuparmos com os dos outros.

Brownie Ware é uma escritora e enfermeira de cuidados paliativos que reuniu num livro os cinco maiores arrependimentos que as pessoas têm antes de morrer, quais sejam: os desejos de deveria "ter tido coragem de viver uma vida verdadeira para mim mesma, não a vida que os outros esperavam de mim"; "não ter trabalhado tanto"; "ter tido a coragem de expressar meus sentimentos"; "ter ficado em contato com os meus amigos"; e "ter-me permitido ser mais feliz". Existem melhores motivações para ajustarmos as velas do nosso barco toda vez que ele insistir apontar a proa para outros caminhos que irão nos trazer remorsos?

Então, se considerar que a normalidade é o equilíbrio que buscamos em nossas vidas, é plausível concluir que o "novo normal" pode ser um "novo eu", adaptável a novas circunstâncias. Por isso, se fosse me exigido conceituar felicidade numa única palavra, seria "evolução". Por que evoluir significa se adaptar de forma positiva ao contexto ou ambiente. Esse é o meu desejo mais sincero para todos e não apenas diante de problemas pandêmicos, mas também diante de desafios e conquistas, pois há quem vença sem saber degustar o sabor da vitória.

Um sábio astronauta já repetiu inúmeras vezes, mesmo não sabendo voar, mas acreditando que poderia, ao abrir as asas do seu equipamento e mirando o horizonte: "Ao infinito... e além!" (Buzz Lightyear).

Capítulo sugestivo – Livros, canais, séries e filmes para aprender

Durante a faculdade Direito, a bibliografia sugerida parte do professor que ministra a disciplina. Muitas vezes, não é exatamente o livro que desejaria indicar, pois é possível que a instituição onde leciona já tenha uma lista previamente aprovada. Então, é importante pesquisar junto ao ministrante e a outros em quem você confia quais são as "melhores indicações", o que não significa que sejam os "melhores livros", pois o cada contexto exige um tipo de literatura. Assim, além da graduação, há livros específicos para concursos, para o Exame da OAB, profissionais e para pós-graduações.

Preparei uma lista longe de ser definitiva, pois novos autores surgem a todo momento. Ela serve apenas como indicações que muitos fariam de "olhos fechados" e são livros que tenho na minha biblioteca. Ademais, separei alguns títulos de propósito pessoal e profissional que servem como um início seguro neste tipo de leitura. Quanto às minhas publicações, destaquei aquelas que tenho preferência e também as obras mais recomendadas pelos meus leitores e alunos. Seguirão após estas indicações.

Literatura jurídica para
graduação e preparatória

- Para concursos públicos com conteúdo programático mais densos e para faculdade, os volumes da série "Direito Esquematizado", coordenada pelo Pedro Lenza, em especial, o seu clássico *Direito Constitucional Esquematizado*.

- A obra pioneira para preparação para provas e exames, *Como passar em provas e concursos* de William Douglas, ou o resumo dela que ele também lançou.

- Em Direito Civil, sempre confiei no trabalho do Silvio Venosa e no do Carlos Roberto Gonçalves, ambos têm coleções próprias, como também tem o Flávio Tartuce.

- Aprendi Direito Penal com os clássicos e, depois, revisei com Fernando Capez. Inclua os trabalhos de Rogério Greco, Rogério Sanches Cunha e Cleber Masson.

- Em Direito do Trabalho e Processo do Trabalho, considere Sérgio Pinto Martins, Vólia Bomfim Cassar e Carlos Henrique Bezerra Leite com títulos já consagrados nestas áreas.

- Para Direito Tributário e Direito Empresarial, matérias que tenho grande apego, por lógico, a lista não caberia neste espaço. Mas tenho acompanhado trabalhos mais recentes e elogiáveis dos tributaristas e professores Ricardo Alexandre e do Eduardo Sabbag. E na área empresarial, aqueles que têm diversas obras, Fábio Ulhoa Coelho, Gladston Mamede e Ricardo Negrão.

- Em Direito Administrativo, tem o "descomplicado" da dupla de autores Marcelo Alexandrino e Vicente Paulo, além do manual da Licínia Rossi e o curso do gaúcho Juliano Heinen.

- Quanto a Processo Civil, a lista seria grande também, em razão de ter sido a área do meu mestrado, mesmo assim, arrisco-me a fazer injustiças recomendando apenas a produção dos admiráveis Fredie Didier Jr., Alexandre Freitas Câmara, Daniel Amorim Assumpção Neves, Cássio Scarpinella Bueno, Daniel Mitidiero, Rennan Thamay, Marco Félix Jobim e Luiz Guilherme Marinoni.

- Em Processo Penal, os livros do amigo Aury Lopes Jr., do Renato Brasileiro de Lima e do Guilherme de Souza Nucci.

- *Vade Mecum* indico as versões completas ou universitárias para graduação das editoras Rideel e Saraiva. Opte pelas versões temáticas ou disciplinares quando focar os estudos para os objetivos que elas se propõem. A Juspodivm, a Método e a RT também produzem *vades* de qualidade.

O meu primeiro livro nasceu com o selo de uma editora somente em 2008, porque até então escrevia, diagramava, fazia a revisão e desenhava a própria capa sozinho. Somente a impressão era terceirizada. Lembro que esse aprendizado foi possível graças a um "não" que recebi de uma editora local. Não foi o único que recebi dos meus projetos editoriais, o que não impediu que continuasse a minha caminhada como escritor. Assim, destaco as minhas séries "Completaço® Passe na OAB" para 1ª fase [teoria unificada e questões comentadas] e para a 2ª fase, onde cada volume representa a disciplina optativa [teoria, modelos e questões dissertativas].

Coordeno e escrevo também a série "Rideel Flix", destinada para graduandos e a todos que precisam aprender de forma direta e objetiva. Ela é composta de diversos volumes disciplinares. Para lidar com os *dois lados da preparação*, indico o livro "Poder da Aprovação – Coaching e Mentoring para OAB e Concursos". Publiquei, em coautoria com William Douglas, a "Agenda do Concurseiro" para organização dos estudos, que traz também lições motivacionais. Mais específico para o Exame de Ordem, dividi com grandes professores, a autoria do "Cronograma Passe na OAB" e do "Passe na OAB – 1ª Fase Questões Comentadas".

Literatura para desenvolvimento pessoal

- *Atitude Mental Positiva*, de Napoleon Hill.
- *Ansiedade, como enfrentar o mal do século*, de Augusto Cury.
- *As 25 Leis Bíblicas do Sucesso*, de William Douglas e Rubens Teixeira.
- *O jeito Harvard de ser feliz,* de Shawn Acher.
- *Mindset: a nova psicologia do sucesso*, de Carol S. Dweck.
- Às vezes você ganha, às vezes você aprende, de John C. Maxwell.
- *Essencialismo*, de Greg Mckeown.

No entanto, não só de leitura é possível viver . Assim, a internet traz ótimas opções de aprendizado. Os sites institucionais do TST, STJ e STF representam o que de mais atualizado está na interpretação do Direito e através do portal do Planalto, a legislação mais recente. Nessa linha, os sites jurídicos, como o Migalhas, JOTA, Jusbrasil e o Conjur trazem notícias, opiniões e conteúdo doutrinário. Tenho o meu próprio blog, o Passe na OAB + Concursos, que desde 2008 alimento com dicas para o Exame de Ordem e concursos públicos.

O Youtube também é uma ótima fonte de conhecimento! O canal TV Justiça Oficial, do STF, é um deles. Como em outras áreas, no Direito há *"youtubers jurídicos"*, basta pesquisar – há vários deles muito bons. Os canais oficiais dos cursos preparatórios, de autores de livros e professores também são aconselháveis, mas sempre observe a data da produção para não aprender o que já está ultrapassado. Mantemos um canal próprio, com material exclusivo no Passe na OAB e Concursos Públicos. "Siga o canal, assista os vídeos e deixe o seu *joinha*".

Já os canais de *streaming* são ricos em séries e filmes, especialmente, sobre a vida no mundo jurídico. Não que ele seja tratado, fielmente, como conhecemos, mas é diversão pura e há boas mensagens para serem captadas. Ademais, acadêmico de Direito que não tenha assistido qualquer uma delas não se "qualifica" como tal, pois não entenderá muitos *memes* que fazem a respeito. Assim, *Suits*, *Better Call Saul*, *Boston Legal*, *How to get away with murder* (Como Defender um Assassino), *The Good Wife*, *Scandal*, e o clássico, *Law and Order*, são programação garantida!

Por fim, os "filmes de tribunais". Há quem diga que escolheu o Direito em razão da paixão despertada por eles. Com dois colegas da faculdade que amavam cinema e DVD como eu, criamos um site com dicas e resenhas de filmes, a revista *DVD Magazine*, até hoje no ar, mas já com outros donos. O fato é que Hollywood adora filmes que envolvam injustiças e baseados em fatos reais, assim, a lista seria infindável. Desse modo, indicarei o meu "Top 10".

- *Doze Homens e uma Sentença (1958).*

- *Meu Primo Vinny (1992).*

- *Filadélfia (1993).*

- *A Firma (1993).*

- *Tempo de Matar (1996).*

- *As Duas Faces de Um Crime (1996).*

- *Advogado do Diabo (1997).*

- *Erin Brockovich (2000).*

- *Conduta de Risco (2007).*

- *Poder e a Lei (2011).*

Caso você tenha mais indicações e sugestões a fazer, inclusive comentários a respeito do que sugeri, faça contato pelo meu e-mail: mhdarocha@gmail.com

Capítulo da gratidão – Meu muito obrigado!

Agradecer é reconhecer que não estamos sozinhos nessa jornada. A minha tem muitos personagens que ajudaram, de alguma forma, a trazer o meu destino até aqui. Gratidão aos meus pais, Alfredo e Vera, que influenciaram, definitivamente, o meu trajeto, não pelas escolhas em si, mas pelo suporte incondicional e constante, mesmo depois das minhas quedas e desvios.

Também à família que construí, minha esposa Tatiana e o meu filho Luigi, cuja paciência na minha ausência quando me tranco "nos meus livros" é a permissão para que eu possa voar para os meus projetos editoriais sem maiores remorsos.

Àqueles que acreditaram, especificamente, que havia um "escritor" em mim, os *publishers* Vauledir Ribeiro Santos, Roberto Navarro, Henderson Fürst, Mário Amadio e Gustavo Abreu. Além deles, é claro, aos meus leitores, pois sem um público interessado não há o que oferecer, já que meus livros nunca foram uma realização pessoal, mas coletiva.

Agradeço a amizade de duas pessoas que sempre admirei pelo trabalho que fazem e pela luz que irradia aos nossos alunos do Direito, William Douglas e Pedro Lenza. Serei eterno aprendiz deles.

A todos aqueles que foram meus colegas de sala de aula e de profissão em algum momento da vida, os que são ou ainda serão, por que ninguém viaja sozinho neste mundo, meu agradecimento por terem participado, mesmo que de modo involuntário, na minha formação e aprendizado.

Por fim, mas não menos importante, ao *meu* Deus. "Meu" por que é a minha visão de *Quem* tudo e a todos se conecta. Agradeço pelo livre-arbítrio que *Ele* me dá desde a hora que acordo até a hora de dormir. Neste período, sigo a vida com as minhas escolhas, entre acertos e erros, pois "toda noite, quando eu vou dormir, morro. E, na manhã seguinte, quando acordo, renasço." (Mahatma Gandhi).

⊙ editoraletramento   ⊕ editoraletramento.com.br
ⓕ editoraletramento   in company/grupoeditorialletramento
⊙ grupoletramento   ✉ contato@editoraletramento.com.br

⊕ casadodireito.com   ⓕ casadodireitoed   ⊙ casadodireito

Grupo
Editorial
LETRAMENTO